TRAITÉ
DE LA SUCCESSION
DES MERES,

EN VERTU

DE L'EDIT DE SAINT-MAUR.

AVEC

UNE DISSERTATION

SUR LES DROITS DE LA MERE,

EN LA SUCCESSION DE SES ENFANS,
au cas de la Subſtitution pupillaire.

Imprimé à Dijon, & ſe vend

A PARIS,

Chez BRIASSON, rue Saint Jacques, à la Science.

M. DCCXXVI.

AVEC APPROBATION ET PRIVILEGE DU ROY.

EDIT

DONNE' A SAINT-MAUR,
au sujet de la succession des Méres.

Au mois de Mai 1567.

*C*HARLES, *par la grace de Dieu, Roi de France, A tous presens & à venir, Salut. Comme depuis que Dieu par sa bonté nous auroit apellez au régime, & gouvernement de ce Royaume, Nous aurions essayé par tous moyens à Nous possibles, de faire garder, & observer les Loix & Ordonnances des Rois nos Prédécesseurs, & réformer, ou du tout abroger, & abolir les Loix & Coutumes, lesquelles l'expérience Nous a fait con-*

A

noître, qu'au lieu d'être salutaires, comme étoit l'intention de ceux, qui au commencement les reçûrent, aportent ce néanmoins avec foi beaucoup d'incommoditez, & dommage infuportable au bien public; & fingulierement celles, qui font trouvées préjudiciables à la confervation du bien, & repos de nôtre Nobleffe, laquelle, comme étant le principal membre, le foûtien, & la force de nôtre Couronne, Nous voulons (& telle a été toûjours nôtre intention) conferver & tenir fous nôtre protection, & empêcher, que pour la multitude & vexation des procès, ne foit diftraite de nôtre fervice. Et pour cette confidération puis naguéres aurions fait des Edits, concernants les Réglemens des difpofitions teftamentaires, & fubftitutions fidéicommiffaires, qui auroient lieu en certains endroits de nôtredit Royaume.

Premier motif de l'Edit. Mais, à ce que Nous avons été depuis peu de tems avertis, Nous n'aurions encore touché aux points principaux, & qui font les plus néceffaires à la confervation du Nom, des Armes, & des Familles de nôtre Nobleſſe. Car en nos Pays & Duché de Guienne, Languedoc, Provence, & Dauphiné, & autres, a été ci-devant pratiquée & obſervée une Loi, & Conſtitution, jadis faite par les anciens Empereurs de Rome, par laquelle la mere, ſurvivant à ſes enfans, leur ſuccéde, non-ſeulement en leurs Meubles & Conquêts, mais és Propres, provenus & procédez de la Ligne paternelle; privant par ce moyen, & excluant les vrais héritiers deſdits biens, & patrimoines anciens. Laquelle Loi (outre qu'elle eſt directement contraire à ce qui eſt obſervé és autres Pays de nôtredit Royaume, où toûjours a été obſervé & gardé, que les patrimoines ne remontent, ni ſoient ôtez de l'eſtoc, tige, & ſouche, dont ils ſont dérivez) elle eſt cauſe d'une infinité de procès, & qui pis eſt, de la perte & deſtruction de beaucoup de bonnes Maiſons, & Familles anciennes.

Et voit-on ſouvent avenir, que les mé- Second motif.

res, après le décès de leurs maris, & de leurs enfans, emportent tout le bien de leurs Maisons, où elles ont été mariées, vivant encore l'ayeul paternel, oncles, & autres, portans le Nom, & les Armes de ladite Maison. Qui est une douleur insuportable à celui, qui aprés avoir usé d'une liberalité à son fils, pour le marier, le voit mourir avant lui, & peu de tems après ses petits neveux; & en lieu de le consoler, voit devant ses yeux ses enfans exclus de ses biens; voit les emporter par une étrangére; voit, lui vivant, éteindre le Nom, & les Armes de sa Famille.

Troisiéme motif   Qui est un moyen, de rendre lesdites veuves moins soigneuses, & curieuses de la vie de leursdits enfans. Et, qui plus est, il avient souvent, que avant le décès de leurs enfans, elles se remarient. Et bien qu'il ne soit croyable, qu'elles se dépoüillent de l'amitié maternelle, toutesfois ceux, qui les épousent, ne prennent pas toüjours leur part de l'affection maternelle; & même voyant, que par le décès des enfans du premier lit, les leurs pourront être grandement avantagez. Et ne ſçauroit-on dire, que de l'obſervance de ladite Loi en vienne aucun profit ; mais au contraire beaucoup d'inconvéniens inſuportables à ladite Nobleſſe.

SÇAVOIR FAISONS, qu'aprés avoir *Diſpoſitif* fait voir, & mettre en délibération de nô-*de l'Edit* tre Conſeil Privé les remontrances, qui Nous ont été ſur ce faites par pluſieurs bons & notables Perſonnages ; & pour pluſieurs autres bonnes & juſtes cauſes, & conſidérations, à ce Nous mouvans ; par l'avis de nôtre trés-chere & honorée Dame & Mére, & des Princes de nôtre Sang, & Gens de nôtredit Conſeil, avons ſtatué, & ordonné, & par ces Préſentes, de Nos certaine ſcience, pleine puiſſance, & autorité Royale, ſtatuons & ordonnons par Edit perpétuel, & irrévocable, Vou-lons, & nous plaît.

I.

Que d'oreſenavant telle obſervance, *Déroga-* & maniére de ſuccéder n'ait lieu, & ne *tion à la* *Loi Ro-* *maine* ſoit ſuivie, ni pratiquée en aucun endroit de nôtre Royaume; & laquelle, en tant que de beſoin ſeroit, Nous avons abrogée, & des puiſſance & autorité deſſuſdites abrogeons par ces Préſentes.

II.

Que les méres ne ſuccéderont aux Propres paternels de leurs enfans.

Voulons, & Nous plaît, que les méres d'oreſenavant ne ſuccédent à leurs enfans; & que les biens deſdits enfans, provenus du pere, de l'ayeul, d'oncles, collatéraux, ou autres, de quelque endroit, que ce ſoit, du côté paternel, retournèront à ceux, qui doivent retourner, ſans que leſdites méres y puiſſent ſuccéder.

III.

Mais ſeulement aux autres biens.

Et pour ne laiſſer leſdites méres, ainſi déſolées de la perte de leurſdits enfans, ſans leur faire quelque avantage, pour ſe pouvoir entretenir, Nous avons ordonné & ordonnons, qu'elles ſuccéderont és Meubles, & Conquêts, provenus d'ailleurs, que du côté & Ligne paternelle, auſquels leſdites méres ne ſuccéderont comme deſſus eſt dit.

IV.

Et outre ce voulons, & ordonnons, que pour tout droit de légitime part & portion dudit héritage, elles joüiront, leur vie durant, de l'usufruit de la moitié des biens Propres, apartenans à leursdits enfans, avant qu'ils fussent décédez ; sans que ores, ne pour l'avenir, elles y puissent prétendre aucun droit de propriété.

Et auront de plus l'usufruit des Propres.

Si donnons en Mandement à nos Amez & Féaux, les Gens tenans nos Cours de Parlemens, Prevôt de Paris, Baillifs, Sénéchaux, ou leurs Lieutenans, & à tous nos autres Justiciers, que ces Présentes ils fassent lire, publier, & enrégistrer, garder, er retenir, & observer de point en point, selon leur forme & teneur, sans souffrir, ne permettre, qu'il y soit aucunement contrevenu, en quelque sorte, que ce soit ; & à ce faire, souffrir, & obéir, contraignent, ou fassent contraindre lesdites veuves, & tous autres, qu'il apartiendra, par toutes voies & manieres dües, & raisonnables, non-

obſtant opoſitions, ou apellations quelconques, & ſans préjudice d'icelles, pour
leſquelles ne voulons être différé (car tel
eſt nôtre plaiſir) nonobſtant comme deſſus
quelconques Conſtitutions, Loix, Coûtumes, Edits, Ordonnances, Us, Stiles,
Reſtrictions, Mandemens, Deffenſes, &
Lettres à ce contraires. En témoin de quoi
Nous avons fait mettre & appoſer nôtre
Scel à ceſdites Préſentes.

Donné à Saint-Maur, au mois de Mai,
l'an de Grace mil cinq cens ſoixante-ſept,
& de Nôtre Régne le ſeptiéme. Ainſi
ſigné ſur le repli : Par le Roi en ſon Conſeil, DE L'AUBESPINE, & Scellé en
Cire verde, & Lacs de Soye.

Luës, publiées, & enrégiſtrées, oüi,
& ce conſentant & requérant le Pro-
cureur Général du Roi, à Paris en Parlement, le 29 Juillet, l'an 1567. Ainſi
ſigné, DU TILLET.

DE LA SUCCESSION DES MERES,

En vertu de l'Edit de Saint-Maur.

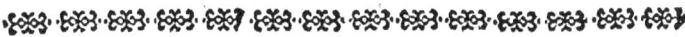

CHAPITRE PREMIER.

Histoire de l'Edit.

I L y a peu de matiéres, où la Jurisprudence Romaine ait souffert plus de variations, que sur la succession légitime des méres à leurs enfans.

Suivant les Loix des XII. Tables, elles ne leur succédoient point ; comme réciproquement leurs enfans n'avoient aucune part à leur succession. (*A*) L'Empereur Claude adoucit le pre-

(A) *Institut. De Senatusc. Tertyll.*

B

mier la rigueur de ce Droit en faveur
des méres, qui avoient eu le malheur
de perdre leurs fils à la guerre. Le Sénatufconfulte Tertyllien étendit enfuite
ce privilége à toutes celles, qui avoient
un certain nombre d'enfans ; mais avec
plufieurs reftrictions, que Juftinien
abolit peu à peu par différentes Conftitutions, dont il parle en fes Inftituts,
(A) où il fait l'hiftoire de tous ces divers changemens.

Enfin par la Novelle 118. cet Empereur mit une parfaite égalité entre les
droits du pére & de la mére en la fucceffion de leurs defcendans ; & tel étoit
l'ufage en ce Royaume, dans les Pays
de Droit Ecrit, lorfqu'il plût au Roi
Charles IX. de faire l'Edit, que nous
nous propofons d'expliquer.

Sa difpofition porte en fubftance,
qu'à l'avenir, dans les Provinces de Fran-
ce, qui font fujettes au Droit Ecrit, les
méres ne pouront prétendre en la fucceſ-
fion de leurs enfans, que les Meubles,
& les Conquêts immeubles, provenus
d'ailleurs, que du côté & Ligne pater-

_____

(A) §. 4. & 5. *Inſtit.* De Senatuſc. Tertyll.

nelle, & l'ufufruit de la moitié des biens
Propres, provenus du côté paternel de
leurs enfans ; lefquels Propres retourneront aux parents paternels.

Cette Loi a paru à tout le monde
un peu trop dure ; en ce qu'elle a éga-
lé les méres, qui font demeurées en
viduité, à celles, qui ont paffé à de
fecondes nôces ; lefquelles par les Conftitutions des Empereurs (*A*) ont été
exclufes de la fucceffion *ab inteftat* des
biens paternels de leurs enfans, quant
à la propriété, & réduites au fimple
ufufruit de ces mêmes biens, joint à
la propriété de tous les autres.

Il eft pourtant vrai, que cette rigueur à l'égard des méres n'eft pas
tout à fait fans exemple. Car M^r. le
Préfident Favre (*B*) raporte une Coutume toute pareille, qui eft en ufage
dans le Val d'Aofte. Et en Italie il y a
beaucoup d'endroits, où les femmes
font traitées encore plus durement ;
étant exclufes par les Statuts de la fuc-

(A) *L. Mater.* 5. *Cod. De Secund. Nupt. Novell.* 22.
Cap. 46. §. 2.
  (B) *De Errorib. Pragmat. Decad.* 15. *Err.* 3. *n.* 7.

ceſſion entiere de leurs enfans, ſans aucune réſerve.

Mais la douceur de nos mœurs fait que nous avons peine à nous accoutumer à tout ce qui s'écarte tant ſoit peu de l'équité naturelle. Et c'eſt pour cela, que les Peuples n'ont pû goûter l'inégalité, qu'a introduite l'Edit de Saint-Maur entre la Ligne paternelle, & la maternelle ; en privant la mére du droit de ſuccéder aux Propres paternels, ſans étendre cette excluſion au pére, par raport aux Propres maternels.

Je ſçais bien que quelques Auteurs, perſuadez de l'injuſtice de cette différence, ont crû que l'excluſion des péres devoit être ſous-entenduë dans l'Edit, & que l'eſprit de cette Loi avoit été, d'introduire aux Pays de Droit Ecrit la Régle : *Paterna paternis, materna maternis.* Mais on verra au Chapitre VI. que leur opinion a été proſcrite dans tous les Tribunaux, comme n'ayant aucun fondement ſolide.

A ce ſujet de prévention contre l'Edit, il s'en joignit un autre. Dans le tems qu'il parut, le bruit fe répandit, qu'il avoit été fait uniquement en faveur du célébre Blaife de Monluc, qui fut depuis Maréchal de France. Or on peut bien croire que ce fait, tel qu'il eft attefté par Mornac (*A*) & par plufieurs autres , ne fit pas regarder cette Loi d'un œil favorable.

D'ailleurs tous ceux, qui ont pris la peine de l'examiner, font convenus qu'elle avoit été rédigée avec une extrême négligence ; enforte que fuivant le témoignage de l'un d'eux (*B*) *une partie de fon difpofitif n'eft pas même intelligible.*

Toutes ces raifons furent caufe, que les Parlemens de Touloufe,& de Bourdeaux , pour lefquels l'Edit avoit été principalement fait, refuférent de le recevoir,(*C*) & il ne fut point enrégitré non plus au Parlement de Dauphiné.(*D*)

Ceux de Paris , & de Provence ont été les feuls, où il ait été vérifié. Quoi-

(*A*) Mornac, *in L.* 15. *ff. De Inoff. teftam.* Mr. le Prêtre, *Cent.* 3. *Ch.* 91. *n.* 2. Ricard , *Des Donat. Part.* 3. *n.* 923. 928. &c.

(*B*) Renuffon, *Des Propr. Ch.* 2. *Sect.* 20. *n.* 45.

(*C*) Le Brun, *Des Succeff. Liv.* 1. *Ch.* 5. *Sect.* 8. *n.* 5.

(*D*) Mr. Expilly , *Ch.* 171. *n.* 25.

qu'il n'ait jamais été envoyé dans le nôtre, il n'a pas laissé d'y être reçû pour une partie de son Ressort. L'on verra aux Chapitres suivans, de quelle maniére la chose s'est passée. Mais on peut dire, que dans ces trois Tribunaux il a été regardé, comme ces Loix, que la seule obéissance, dûë aux ordres du Souverain, engage de suivre, & qu'on restraint scrupuleusement à leurs cas, sans leur donner la moindre extension.

Il est même à remarquer que malgré la clause générale de l'Edit, & l'adresse particuliére, qui en fut faite au Prevôt de Paris, il n'a jamais eu lieu dans aucun Pays Coutumier. (*A*)

Ainsi ce n'est pas tout à fait sans raison, que M^e. Jaques Choart, l'un des plus grands Avocats de son tems, (*B*) avoit coutume de comparer l'Edit de Saint-Maur aux enfans illégitimes, que personne ne veut reconnoître : *Verè spurium esse istud de matribus Edictum ; abjectum quippe ab habitatoribus, tam Romanæ, quàm moratæ Galliæ.*

(A) Le Brun, *Des Succeff. Liv.* 1. *Ch.* 5. *Sect.* 8. *n.* 3. 4;
(B) Mornac, *loc. citat.*

Ceux ,.qui sont venus depuis , n'en ont pas parlé plus avantageusement. Ricard entr'autres n'a fait aucune difficulté de dire (*A*) que *les gens de bien reclameront toujours contre cet Edit.* Et un Auteur plus moderne (*B*) n'a pas craint de l'apeller *un flambeau, que la Discorde a allumé , pour mettre le feu dans toutes les familles des Pays de Droit Ecrit.*

Ces jugemens autorisent assez la répugnance, qu'on a témoignée presque par toute la France, à se soumettre à cette Loi nouvelle. Mais je crois devoir ici justifier à ce sujet la mémoire du grand Chancelier de l'Hospital, à qui on a voulu imputer cette nouveauté. Quoiqu'il fût encore en place en l'année 1567, il est certain qu'alors il n'avoit plus guére que le titre de Chancelier ; toute l'autorité de cette Charge étant depuis quelque tems entre les mains du Sieur de Lansac , homme d'épée , qui n'avoit aucune connoissance des régles de la Justice, & qui ne s'en embarassoit guére. Ce fait , qui est connu de peu de

(*A*) Des Donations, *Part. 3. n. 923. 928.*

(*B*) M. Bretonnier, en ses Notes sur Henrys, *Tom. 1. pag.* 555. *& 756. & en son Recüeil de Quest. de Droit, pag. 427.*

perſonnes, ſe prouve par les plaintes, qu'en faiſoit en ce même tems
M^r. du Meſnil, illuſtre Avocat Général au Parlement de Paris, & que
nous a conſervées M^e. Antoine Loiſel,
en la vie de ce Magiſtrat. (*A*)

Si donc il ſe trouve quelque def-
faut dans l'Edit, c'eſt au Sieur de
Lanſac uniquement, qu'il faut s'en
prendre. Je paſſe à la maniére, dont
cette nouveauté a été reçûë dans nôtre Parlement.

CHAPITRE II.

*L'Edit de Saint-Maur n'a pas lieu dans
l'étenduë de la Coutume du Duché
de Bourgogne.*

L'Edit n'ayant jamais été enrégîtré,
ni même adreſſé au Parlement de
Dijon, il ne ſembloit pas, qu'il y eût
lieu de craindre, que ſa diſpotion y
fût obſervée.

Cependant en 1570, lorſqu'on tra-

(*A*) Loiſel, *Opuſc. pag.* 188- 189.

vailla

vailla à la réformation de la Coutume du Duché de Bourgogne, les Commissaires jugérent à propos, pour plus grande précaution, d'inférer au Titre, *Des Successions*, une dérogation précise à cet Edit ; & les Etats de la Province en obtinrent la confirmation, ainsi que des autres Articles nouveaux, par des Lettres Patentes du Roi Henry III.

L'Ordonnance de 1629 renouvella la même inquiétude. Car comme l'Article 146 portoit, que l'Edit de Saint-Maur feroit exécuté dans toutes les Provinces du Royaume, où il ne l'étoit pas encore, la Cour, en procédant à la vérification de cet Article, ne crut pas le pouvoir passer sans modification, & ordonna qu'il en feroit usé, comme du passé.

Par ce moyen la Bourgogne est demeurée sur ce point dans ses anciens usages. Ce n'est pas à dire néanmoins, que les méres y soient plus favorablement traitées, suivant que l'a fort bien remarqué M^c. Denis le Brun. (*A*) Car elles n'ont, ni

(*A*) Des Successions, *Liv.* 1. *Ch.* 5. *Sect.* 8. *n.* 3.

C

proprieté, ni ufufruit dans les Propres paternels de leurs enfans, ni la totalité des Meubles & Acquêts, en cas de concurrence avec les fréres & fœurs du défunt. Mais comme les péres n'en ont pas plus qu'elles, cette uniformité les confole, & les empêche de murmurer contre une Loi, qui ne peut paffer pour injufte, dès qu'elle tient la balance égale entre les deux Lignes.

CHAPITRE III.

L'Edit s'obferve en la Breffe Chalonnoife.

EN l'année 1289, Robert, Duc de Bourgogne, acquit d'Amé IV. Comte de Savoye, & de Breffe, les Châtellenies de Cufery, & de Sagy, avec leurs dépendances, en échange d'autres Terres, qu'il céda à ce Prince. Il eft fait mention de ce Traité en l'Hiftoire de Breffe, compofée par Guichenon. (*A*)

(*A*) Part. 1. pag. 57.

Comme ces Châtellenies faifoient auparavant partie de la Breffe, elles en ont confervé le nom ; & comme elles furent annexées au Bailliage de Chalon, on les apelle, *Breffe Chalonnoife.*

Les Villes & Paroiffes, qui compofent ce petit Pays, font exactement marquées au Mémoire, qu'en dreffa autrefois Me. Philipe de Montholon, Lieutenant Général de ce Bailliage. (*A*)

On y reconnoît, que ces Châtellenies ont été toujours régies par le Droit Ecrit, comme avant l'Echange, dont il vient d'être parlé. Et c'eft de ce Pays, dont il faut entendre ce qui eft porté par les Lettres Patentes de Philipes le Bon, Duc de Bourgogne, du 26 Aout 1459, pour la réformation de nôtre Coutume, fur la diftinction entre le Reffort du Parlement de Saint Laurent, où l'on n'ufe point de Droit Ecrit, & celui, où il s'obferve.

Ce Pays, quoique foumis à la France au tems de l'Edit de Saint-Maur, ne fembloit pas pouvoir être affujetti

---

(*A*) Imprimé à la fin des Inftituts Coutumiers du Duché de Bourgogne en 1697.

à une Loi, qui ne lui avoit jamais été notifiée.

Cependant M^e. Job Bouvot (*A*) a prétendu, qu'elle s'y obfervoit déja de fon tems, & a cité même un Arrêt de ce Parlement, qu'il affure l'avoir jugé de la forte. Mais je n'ai pû le trouver fur les Régiftres de la Cour.

Cela me rend ce fait un peu fufpect, quoique Bouvot dût en être mieux inftruit qu'un autre; ayant été l'un des Avocats des plus employez du Bailliage de Châlon.

Mais il eft inutile d'en aprofondir la vérité. Car la chofe n'eft plus douteufe, depuis que la Cour a vérifié l'Article 146 de l'Ordonnance de 1629, fans aucune modification, par raport aux Pays de Droit Ecrit, qui font de fon Reffort.

Auffi n'a-t'on jamais fait difficulté depuis ce tems, d'y fuivre la difpofition de l'Edit des méres.

(*A*) En fon Commentaire fur nôtre Coûtume, *Part.* 1. *pag.* 332. & en fon Reciieil d'Arrêts, *Tom.* 1. *Part.* 1. *pag.* 311. & *Part.* 3. *pag.* 257.

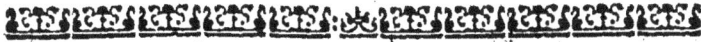

CHAPITRE IV.

L'Edit de Saint-Maur s'observe aux
Bailliages de Bourg-en-Bresse,
Belay, & Gex.

LOrſque l'Edit de Saint-Maur parut, les Provinces de Breſſe, Bugey, Valromey, & Gex, étoient encore ſous la domination des Ducs de
Savoye. Elles ne furent unies à la Couronne de France, qu'en l'année 1601,
par le Traité de Lyon.

Alors, à la pourſuite de leurs Dé-
putez, elles obtinrent du Roi Henri
IV. des Lettres Patentes, qui ſont in-
ſérées au *Stylus Regius*, de Pierre Gra-
net, Préſident au Préſidial de Bourg,
où l'on voit entr'autres choſes, *(A)* que
ces Pays furent maintenus en l'uſage
du Droit Ecrit, ainſi qu'il s'obſervoit
auparavant.

Mᵉ. Philibert Collet, *(B)* a ſuffiſam-

_____

(A) Pag. 134. 167. 180. 191. & 206.
(B) Sur le Statut de Breſſe, *Part.* 2. *pag.* 194.

ment juſtifié par pluſieurs Arrêts, que
le Parlement de Dijon, ne regarda
point alors ces Provinces, comme ſu-
jettes à l'Edit de Saint-Maur.

L'on n'a formé de doute ſur ce point,
que depuis l'Ordonnance de 1629. Car
l'Article 146 n'ayant été modifié par
la Cour, que pour la Bourgogne, ainſi qu'on l'a obſervé au Chapitre précédent, il ſembloit avoir conſervé toute
ſa force, pour les autres Pays du Reſ-
ſort de ce Parlement.

Mais deux choſes pouvoient en faire
douter pour les Pays, dont il s'agit.

La premiére, que cet Edit n'avoit
jamais été adreſſé au Parlement. La
ſeconde, que la Cour ne fit point publier l'Ordonnance de 1629 aux Bailliages de Breſſe, Bugey, & Gex, où
elle n'a pas même été envoyée depuis
ce tems là.

Ces raiſons, jointes aux autres, qui
ont donné lieu aux Parlemens de Toulouſe, de Bourdeaux, & de Grenoble, de rejetter entierement l'Edit de
Saint-Maur, furent propoſées pour la
premiére fois en ce Parlement à l'Au-

dience du 7 Mai 1638. Il s'y agiſſoit
de la ſucceſſion de Jean Gay , de Villars en Breſſe , que demandoit Catherine du Valdy ſa mere , contre deux
Collatéraux paternels. La queſtion
n'auroit dû faire aucune difficulté , ſi
l'intention de la Cour, en enrégiſtrant
l'Ordonnance de 1629, avoit été de
faire exécuter l'Edit de Saint-Maur en
Breſſe. Cependant elle ordonna, qu'elle
en délibéreroit au Conſeil. Et depuis,
par Arrêt donné en la Tournelle , au
raport de M^r. de Villers , le 21 Mars
1641 , les parens paternels furent pré-
férez à la mére , à laquelle on adjugea
ſeulement ce qui lui étoit accordé par
l'Edit.

Cet Arrêt , qui a fait la planche pour
l'obſervation de cette Loi aux Pays de
Breſſe , fut ſuivi peu après d'un autre
pareil, du 28 Janvier 1642, en la Grand'-
Chambre, au raport de M^r. Milliére, en
faveur de Loüiſe , & Perrette Riboud,
tantes paternelles de Guillaume, & Bar-
thelemy Riboud , de la ſucceſſion deſquels il s'agiſſoit , contre Hiéronyme
Perrod leur mére.

Et le 10 Décembre fuivant, il y en eut un troifième, rendu en la même Chambre, au Raport de M^r. Berbis, pour la fucceffion de Philibert Cavafod, qui étoit conteftée entre Claudine Mortier fa mére, & Chriftine Cavafod, coufine paternelle du défunt.

Ces trois Arrêts font conformes. Il y a feulement cela de remarquable en celui du 28 Janvier 1642, que la fucceffion de l'un des enfans, qui étoit ouverte avant l'Ordonnance de 1629, fut réglée fuivant le Droit Ecrit, au lieu que celle de l'autre enfant, qui ne mourut qu'en 1633, le fut fuivant l'Edit de Saint-Maur. L'efpece en a été fort éxactement raportée par Chevanes, fur nôtre Coutume. (*A*)

Ces décifions particuliéres n'auroient peut-être pas furmonté de fitôt l'éloignement de ces Peuples pour la Loi nouvelle, fi la Cour n'avoit rendu peu après deux Arrêts Généraux, pour les obliger à l'obferver.

Le premier fut donné, les Chambres confultées, le 17 Mars 1645, & inféré

(*A*) Titre, *des Succeff.* *Art.* 14.

au

au Régitre des Délibérations secrettes.
Il porte, que les précédens Arrêts se-
ront envoyez aux Bailliages de Bourg,
Belay, & Gex, pour y être pu-
bliez, enrégitrez, & observez en cas
pareil, à peine de tous dépens,
dommages & interêts des Parties contre les Juges.

Le second fut rendu à l'Audiance
publique, du 23 du même mois, à
l'occasion d'une cause, qui s'y pre-
senta; & outre les injonctions générales, contenuës au précédent, il
ajouta la peine de la nullité des Juge-
ments, qui seroient rendus au contraire.

Ce sont proprement ces deux Réglemens, qui firent connoître aux
Juges de ces Provinces l'intention de
la Cour, & qui les forcérent à se conformer à la Loi nouvelle. Ce ne fut pas
sans murmure, qu'ils obéïrent. On peut
voir ce qu'en ont dit M^{es}. Charles Revel, & Philibert Collet (A) sur les Usages de Bresse. J'ai reconnu aussi par les
Mémoires manuscrits de M^{es}. Charles

(A) Revel, *sur les Usages de Bresse*, *pag.* 279. & Collet,
au lieu cité ci-dessus.

D

Févret, & François Malteste, célébres
Avocats de ce tems-là , qu'ils étoient
d'avis, que les Syndics de Bresse & de
Bugey se pourvûssent contre ces Arrêts.
Mais enfin le tems a effacé ces plaintes ;
& il n'a plus été question, que de savoir
comment l'Edit seroit interprété dans
les cas, qu'il n'avoit pas clairement dé-
cidez. C'est ce qui va être examiné
dans les Chapitres suivans.

❀❀❀❀❀❀❀❀❀❀❀❀❀❀❀❀❀❀❀❀❀

CHAPITRE V.

Que l'Edit comprend toutes sortes de
personnes.

UNe des premiéres difficultez, que
fit naître l'Edit de Saint-Maur, fut
de savoir , s'il devoit être restraint aux
seules Familles nobles.

Mellier, qui entreprit de le commen-
ter , peu de tems après sa publication,
forma ce doute sur plusieurs termes du
préambule de l'Edit , par lesquels il paroît , qu'il a eu principalement en vûë
l'interêt de la Noblesse.

Mais le difpofitif étant conçû en termes généraux, le Commentateur décida, qu'il devoit comprendre toutes fortes de perfonnes;& fon opinion a été fuivie en nôtre Parlement, comme dans tous les autres, qui ont reçû l'Edit. Cela eft trop connu, pour nous y arrêter davantage.

CHAPITRE VI.

Si l'Edit exclut le pére, & les autres parens de fa Ligne, de la fucceffion des biens maternels.

ON a demandé en fecond lieu, fi l'Edit doit s'étendre au pére, & à l'ayeul paternel ; c'eft à dire, fi l'un & l'autre font par fa difpofition exclus de fuccéder aux Propres maternels de leurs enfans ?

Je vois prefque tous nos Jurifconfultes pancher pour l'affirmative. Renuffon furtout, (*A*) s'eft déclaré fortement pour cet avis. En quoi il a

(*A*) Des Propres, *Ch.* 2. *Sect.* 20. *n.* 12. 14. *& fuiv.*

D ij

été fuivi par M^{es}. Denis le Brun, (*A*) & J. B. Bretonnier. (*B*) Et avant eux, tel avoit été le fentiment d'Automne, en fa Conférence du Droit François. (*C*)

Ils fe fondent, fur ce que l'Edit femble avoir été fait pour empêcher, que les Propres du côté paternel ne paffent en la Ligne maternelle, au préjudice des parents paternels.

Or il y a autant de raifon, d'empêcher que ceux de la Ligne maternelle, ne paffent en la paternelle, au préjudice des parens de la mére. Et en effet par le préambule de l'Edit, il paroît que le Roi Charles IX. a voulu abroger pour ce regard la Loi Romaine, *comme directement contraire à ce qui eft obfervé aux autres Pays du Royaume, où toujours a été gardé, & obfervé, que les patrimoines ne remontent, & ne font ôtez de l'eftoc, tige, & fouche, d'où ils font dérivez.* D'où ils concluent, qu'en aboliffant la Loi, que cet Edit condamne, il a voulu intro-

(*A*) Des Succeffions, *Liv.* 1. *Ch.* 5. *Sect.* 8. *n.* 6.
(*B*) Recüeil de Queft. de Droit, *pag.* 428.
(*C*) *In Tit. Cod. Ad. Sc. Tertyll.*

duire celle, qu'il aprouve, & établir dans tout le Royaume la Régle, *paterna paternis, materna maternis*, qui eſt l'une des plus conſtantes Maximes du Droit Coutumier. Autrement l'Edit contiendroit une injuſtice manifeſte; en ce qu'il autoriſeroit le paſſage des Propres maternels dans la Ligne paternelle, tandis qu'il condamneroit celui des paternels dans la Ligne maternelle. Et quoique la diſpoſition de l'Edit ne parle que des méres, il n'eſt pas néanmoins nouveau, que le genre féminin comprenne le maſculin, quand l'équité y conduit, ainſi que ces Auteurs en apportent quelques exemples.

Mais, quoique ces raiſons ſoient ſpécieuſes, elles n'ont pas laiſſé d'être condamnées par les Arrêts de tous les Parlemens, qui ont reçû l'Edit, comme ces Ecrivains en conviennent eux-mêmes. Et comme les motifs de ces Déciſions, peuvent ſervir à réſoudre d'autres difficultez, dont il ſera parlé dans la ſuite, il ne ſera pas inutile d'en prouver ici la ſolidité, afin de n'y plus revenir.

L'on a vû ci-deſſus au premier Chapitre, que l'Edit de Saint-Maur ne
fut goûté en aucun endroit du Royaume, tant à cauſe de l'obſcurité de ſes
termes, que pour les raiſons ſecrettes,
qui avoient donné lieu à ſa diſpoſition.

Les ſentimens ont été ſi peu partagez là-deſſus, qu'encore qu'on ne puiſſe nier, que l'Edit n'ait eu intention
de favoriſer les parens paternels, au
préjudice des maternels, on n'a pas
néanmoins jugé à propos de l'étendre
à l'ayeul, & à l'ayeule maternelle,
ni aux autres parens de leur Ligne,
ainſi qu'on le verra dans la ſuite ; tant
s'en faut, qu'on ait jamais penſé à
l'étendre à la Ligne paternelle, malgré toutes les raiſons de parité, qui
ont été alleguées.

Et afin qu'on ne croye pas, qu'il
y ait eu en cette interprétation plus
de mauvaiſe humeur, que de véritable raiſon, il eſt bon d'obſerver,
qu'encore que le préambule de l'Edit
donne pour un des motifs de ſa
diſpoſition, la conſervation des Propres dans chaque Ligne, il paroît aſ-

fez, que ce n'a été qu'un prétexte, dont les Rédacteurs fe font fervis, pour mieux faire paffer cette Loi. Car, s'ils avoient eu deffein d'introduire la Régle, *paterna paternis*, dans les Pays de Droit Ecrit, il leur auroit été aifé de le dire nettement. Et il n'y a aucune aparence, que ç'ait été un oubli, ou une inadvertance de leur part. Car c'étoit la premiere chofe, qui devoit leur tomber dans l'efprit, de rédiger l'Edit en termes généraux, fi leur intention avoit été, d'en faire une maxime générale.

Cela nous met donc dans le cas de fuivre les Régles, établies par les Docteurs, pour l'interprétation des Loix nouvelles, qui tendent à corriger l'ancien Droit. Car ils nous donnent pour maxime, qu'à moins que leur difpofition ne foit générale, ou qu'elles ne méritent une faveur extraordinaire, il les faut limiter au feul cas, qui y eft exprimé.

Pour écarter toutes citations fuperfluës, il fuffira de raporter ce qu'en a écrit du Moulin, fur l'ancienne Coutume de Paris, (*A*) où aprés avoir agité la queſtion, ſi la Loi, qui exclut les femelles en faveur des mâles, doit être étenduë aux mâles, deſcendus des femelles, il conclut pour l'affirmative, ſi la diſpoſition eſt générale, & pour la négative, ſi elle ne comprend, que de certains cas : *ſecùs , ſi ponitur in diſpoſitione limitatâ , ſeu quando limitatur ad certum gradum , vel caſum ; quia tunc non extenditur ad alium; ſed limitata diſpoſitio , limitatum parit effeɫum.*

Il y a même quelque choſe de plus, au cas de l'Edit de Saint-Maur. Car 1°. Outre la conſidération générale, de la conſervation des Propres dans chaque Ligne, le préambule en ajoute de particuliéres pour les femmes; ſçavoir, que l'eſpérance de la ſucceſſion de leurs enfans, *les rend moins ſoigneuſes & curieuſes de leur vie* ; & que même, *il arrive ſouvent, qu'avant leur décès elles ſe remarient.*

On voit donc bien, que l'Edit a voulu prévenir les mauvais deſſeins de certaines méres, en leur ôtant tout eſ-

poir

poir de fuccéder à la portion la plus confidérable des biens de leurs enfans. Et il ne faut pas dire, que l'on pouroit penfer la même chofe des péres. Car les Loix ont écarté ce foupçon, en mettant la tendreffe des péres pour leurs enfans au deffus de toute autre ; *quum nullus affeEtus vincat paternum. L. Cum furiofus.* 7 *in princip. Cod. De curat. furiof.*

D'ailleurs, comme les biens des maris font ordinairement plus confidérables, que ceux des femmes, du moins pour ce qui eft des Propres, il n'eft pas furprenant, qu'on ait trouvé en ce cas plus d'inconvénients de la part des méres, que de celle des péres. C'eft donc pour cette raifon, que l'Edit n'a parlé que d'elles feules ; & en cela l'on découvre la véritable caufe finale de l'Edit ; laquelle ne regardant point le pére, ni les autres parens de fa Ligne, ne doit pas les faire comprendre dans fa difpofition.

2°. Si l'efprit du Légiflateur avoit été, d'introduire dans les Pays de Droit Ecrit la Régle, *paterna paternis*, non-feulement il auroit employé des ter-

E

mes généraux, qui euſſent compriſ les
deux ſexes, comme il a été remarqué
ci-deſſus ; mais il auroit de plus conformé ſa diſpoſition à la maniére, dont
cette Régle ſe pratique dans la plûpart
des Coutumes du Royaume. Ainſi il ſe
feroit contenté de dire, *que Propres héri-*
tages ne remonteroient plus déſormais aux
Pays de Droit Ecrit ; ſans ajouter, que le
pére & la mére auroient l'uſufruit de la
moitié des Propres. Diſpoſition, dont
on ne trouve d'exemple, ſi je ne me trompe, que dans la ſeule Coutume de Ni-
vernois. Quand donc l'Edit a donné cet
uſufruit extraordinaire aux méres, avec
la ſucceſſion entiére des Meubles &
Acquêts de leurs enfans, il eſt évident
que ç'a été, pour les dédommager en
quelque maniére de l'inégalité, qu'il
établiſſoit entre les péres, & elles.

A l'égard de ce qu'on dit, que
l'Edit ſemble devoir être étendu aux
péres par identité de raiſon, il eſt aiſé d'y répondre. Car ſuivant les Docteurs, (*A*) qui ont traité de ces ſortes

_____

(*A*) Vid. Nic. Everhard. *de Locis Argumentor. Legal. Cap.*
de Loco, A ratione Legis, n. 26. *& 4*0.

de Régles, il y a fur l'argument, tiré de l'identité de raifon, deux principes certains. L'un, qu'il n'a jamais
lieu dans le cas des Loix, qui chan-
gent l'ancien Droit, comme celle-ci :
Illud pro certo & indubitato teneas, quòd
ex idenditate, vel paritate rationis, non
licet extendere Legem correctoriam, &
multò minùs ex fimilitudine rationis. L'autre, qu'on ne doit jamais fe déterminer par identité de raifon, fi ce n'eft
dans des cas également favorables, tel
que l'eft, par exemple, l'Edit des fecondes nôces : *Secùs, fi cafus non expref-*
fus, non eft æquè favorabilis. Tunc enim
non fit extenfio ; licet ratio fit expreffa in
Lege.

Or, quelque faveur, que puiffe mériter la mére, elle ne peut jamais éga-
ler celle du pére, lequel a de tout
tems été apellé à la fucceffion de fes
enfans ; au lieu que la mére n'y a été
reçûë, que par le Droit nouveau. Et
d'ailleurs on fçait que par nos Loix, il
y a une infinité de cas, où la condition des femmes eft moins avantageufe,
que celle des mâles. *In multis Juris nof-*

tri articulis, deterior est conditio fœmi-
narum, quàm masculorum. L. 9. ff. De
stat. homin.

Il doit donc demeurer pour certain,
que le pére, ni l'ayeul paternel ne sont
point compris dans l'Edit de Saint-
Maur. Ce qui envelope par une conséquence nécessaire l'ayeule paternelle,
laquelle constamment succéde aux
droits de son fils, quand elle lui a sur-
vécu.

Je ne sçache pas, qu'on ait jamais
contesté au pére en ce Parlement la
succession des Propres de ses enfans.
Mais elle l'a été plusieurs fois à l'ayeul,
& à l'ayeule du côté paternel. Il faut
même avoüer, qu'il y a eu sur cela un
premier Arrêt, peu favorable pour eux.
Mais il est si extraordinaire de tout
point, que je ne pense pas, qu'il fasse
aucune impression, quand on en sau-
ra la véritable espèce, telle que je l'ai
vérifiée sur l'Arrêt même, aussi bien
que sur les Mémoires des Avocats de
ce tems là.

Charles & Philibert Piret, de Saint-
Trivier en Bresse, étoient morts *ab in-*

teſtat, laiſſans Claudine Guillerme, leur mére ; Jeanne Jaquet, leur ayeule paternelle ; Charlotte Euvrard, leur ayeule maternelle ; & Philibert Piret, leur oncle paternel. Chacun d'eux prétendit cette ſucceſſion ; la mére, comme plus proche héritiére ; les deux ayeules, parce que la mére étoit excluſe par l'Edit ; & l'oncle paternel, parce qu'il prétendit, que la mére & les ayeules étoient compriſes dans la même excluſion. Par Sentence du Bailliage de Bourg la ſucceſſion fut adjugée aux deux ayeules par moitié, ſauf le droit de la mére, laquelle étant morte peu après ſans enfans, eut pour héritiére Charlotte Euvrard ſa mére. Sur l'apel, qui fut interjetté de ce Jugement par Philibert Piret, la Cour, par Arrêt donné à l'Audience du 23 Mars 1645, *mit l'apellation & ce dont avoit été apellé, au néant, & par nouveau Jugement, adjugea auſdites Euvrard, & Jaquet les Meubles & Acquêts, provenus d'ailleurs, que du côté paternel, en la ſucceſſion de leurs petits fils, & la moitié de l'uſufruit des Propres ; ſuivant l'Edit de Saint-Maur*, & *le furplus des biens de la fucceffion à l'Apellant.*

Il n'eft pas aifé de deviner, ce qui donna lieu à une pareille prononciation. Je laiffe à part l'exclufion donnée à l'ayeule paternelle, pour les Propres de fes enfans. Elle pouvoit avoir fon fondement fur les raifons, que j'ai ci-deffus raportées. Mais pour le furplus, il eft certain, qu'à la forme de l'Edit de Saint-Maur, les Meubles & Acquêts des deux enfans décédez, devoient paffer à leur mére, & enfuite à Charlotte Euvrard fon héritiére. Il n'eft pas moins certain auffi, que l'ufufruit de la moitié des Propres de ces enfans avoit fini au jour du décès de la mére. Il n'y avoit donc raifon quelconque de partager ces Meubles & Acquêts entre les deux ayeules; & encore moins de faire paffer cet ufufruit fur leurs têtes.

Deux Arrêts poftérieurs nous ont remis dans la bonne voie. Le premier fut rendu le 29 Juillet 1666, au Raport de Mr. de Thefut-Ragy, habile Confeiller, que nous avons vû depuis Doyen de la Cour. En voici le fait. Philibert & Clau-

dine Guillemeau, du lieu de Champ-
rougeroux, en la Breſſe Châlonnoiſe,
moururent après leur pere, laiſſant Jeanne Michelin leur mére, & Claudine
Michelin, veuve de Loüis Guillemeau,
leur ayeule paternelle. La mére ſe contenta de ſes droits, ſuivant l'Edit. Mais
l'ayeule ayant prétendu le ſurplus de
la ſucceſſion de ſes petits enfans, elle
y trouva de l'opoſition de la part de
Catherine Baunin, couſine germaine
des défunts du côté paternel, comme
étant fille d'une Catherine Guillemeau.
L'ayeule étant morte peu de tems
après, Hugues & Claudine Boivin ſes
héritiers reprirent l'inſtance contre la
couſine paternelle des défunts, laquelle s'étoit emparée de leurs Propres, prétendant que l'ayeule paternelle en étoit excluſe, auſſi bien que
la mére. Malgré cette raiſon, le Bailliage de Châlon la condamna à relâcher
ces biens aux héritiers de l'ayeule. Sur
l'apel, qui en fut interjetté, les opinions furent partagées à la Grand'-
Chambre, peut-être à cauſe de l'Arrêt
des Piret, dont je viens de parler. Mais

enfin le partage fut levé en la Tour-nelle fuivant l'avis du Raporteur, & la Sentence confirmée.

Le fecond Arrêt a été rendu en la Chambre des Enquêtes, où je préfi-dois, le 29 Avril 1723, au Raport de Mr. David, en cette efpèce.

Etienne & Jean Loup, de Pont-de-Veyle en Breffe, perdirent de bonne heure André Loup leur pére, & Marie Bas leur mére. Ils décédérent peu après, laiffant Marie Loup, leur fœur germaine ; Etienne Loup, leur ayeul paternel ; Jeanne Lapierre, leur ayeu-le paternelle ; & Benoift Bas, leur ayeul maternel. Il y eut procès entre eux, pour la fucceffion de tous les biens d'Etienne & Jean Loup, & l'on y agita la queftion, dont on vient de parler, tant à l'égard de l'ayeul pater-nel, & de fa femme, que de l'ayeul maternel. L'affaire ayant été mûrement examinée à la Cour, elle ordonna que la fucceffion des défunts feroit parta-géc en quatre portions', dont l'une apartiendroit à Marie Loup leur fœur; la feconde à l'ayeul maternel; & les deux

deux autres aux ayeul & ayeule du côté paternel. Il y a lieu d'efpérer, que ces deux Arrêts fixeront fur ce point nôtre Jurifprudence.

CHAPITRE VII.

Si l'Edit exclut les parens maternels, quand la mére eſt morte.

L A feconde queſtion, qui fe préfente au fujet des perfonnes, qui font comprifes dans l'Edit de Saint-Maur, eſt de fçavoir, fi l'exclufion de la mére comprend tous les autres parens de fa Ligne, & même l'ayeul & l'ayeule du côté maternel?

La plûpart des Auteurs, qui en ont parlé, fur tout Renuſſon, (*A*) & le Brun, me paroiſſent avoir aporté une grande confufion en cette matiere, pour n'avoir pas affez diſtingué deux cas, qui ayant des motifs différents de décifion, peuvent auſſi avoir donné

_____

(*A*) Renuſſon, *des Propr. Ch.* 2. Seſt. 20. *n.* 15. 16. 17. Et le Brun, *des Succeſſ. Liv.* 1. *Ch.* 5. *Seſt.* 8. *n.* 9. 10. 11.

F

lieu à quelques Arrêts contraires. Le premier de ces cas eſt, quand la mére eſt morte avant ſes enfans. L'autre, quand elle leur a ſurvécu.

Ces Auteurs ſoutiennent indiſtinctement, qu'admettre l'ayeul & l'ayeule du côté maternel, c'eſt aller directement contre l'eſprit de l'Edit, qui eſt d'empêcher, que les biens Propres d'une Ligne ne paſſent dans une autre ; ajoutans, que ſi l'Edit s'eſt ſervi ſeulement du nom de la mére, ç'a été pour déſigner toute la Ligne maternelle, & non pour reſtraindre ſa diſpoſition à la perſonne de la mére. Ce qu'ils fortifient par cette conſidération, que la mére eſt toujours plus favorable, que l'ayeul, comme plus proche, & plus affligée de la perte de ſes enfans. D'où ils concluent, que ſi elle eſt excluſe, ceux de ſa Ligne doivent l'être à plus forte raiſon.

Ils auroient pû confirmer ce ſentiment, par une Déclaration bien expreſſe du Roi Henri III. du 25 Octobre 1575, qui fut donnée pour la Provence. Elle a été inſérée tout au long

par Boniface, en ſes Arrêts, (*A*) & porte en ſubſtance, que l'eſprit de l'Edit
de Saint-Maur a été d'exclure, non-
ſeulement la mére, mais encore tous
les parens maternels, des biens provenus du côté paternel, *leſquels apar-
tiendront à celui, ou ceux, qui ſe trou-
veront plus proches au défunt du côté paternel, d'où leſdits biens pouvoient être
iſſus; le droit des parens maternels demeurant entier au ſurplus des biens du défunt.*

Mourgues, ſur les Statuts de Provence, (*B*) parlant de cette Déclaration, dit, qu'elle fut obtenuë à la ſolli-
citation de quelques Particuliers inter-
reſſez; & cela paroît plus vrai-ſembla-
ble, que ce qu'avance Boniface, (*C*)
qu'elle fut renduë ſur la pourſuite des
Procureurs du Pays.

Quoiqu'il en ſoit, le Parlement d'Aix
l'enrégitra purement & ſimplement
le 24 Mai 1576. Mourgues aſſure,
qu'il rendit en conſéquence, le 5 Mars

(*A*) *Tom.* 5. *Liv.* 1. *Tit.* 21. *Chap.* 1.
(*B*) *Pag.* 207. 211. *Edit. de* 1658.
(*C*) *Tom.* 2. *Liv.* 1. *Tit.* 17. *Ch.* 2. *n.* 3.

1577, un Arrêt au profit de ceux, qui l'avoient obtenuë, & Boniface en raporte plusieurs autres conformes. (*A*)

Ce Parlement ne s'en tint pas là. Non content de se conformer à cette Déclaration, il poussa la faveur des parens paternels, jusqu'à leur adjuger les biens, qui provenoient de la mére, contre les termes mêmes de la Déclaration, laquelle avoit restraint leur privilége, aux biens paternels seulement ; *le droit des parens maternels demeurant en son entier pour le surplus des biens, comme avant l'Edit.*

On trouve la preuve de ce fait dans la Décision 48 de M^r. le Président de Saint-Jean, où il se récrie avec raison contre cette Jurisprudence.

Aussi ne subsista-t-elle pas long-tems. Car par les Arrêts postérieurs, non-seulement le Parlement de Provence adjugea les biens maternels, suivant la forme du Droit Ecrit ; mais se repentant en quelque maniére, d'avoir enrégitré si facilement la Déclaration

(*A*) Tant au lieu cité, qu'au *Tom*. 5. *Liv*. 1. *Tit*. 21, *Ch*. 3. 4.

de 1575, il établit une Jurifprudence toute contraire, en jugeant par divers Arrêts, que l'exclufion, portée par l'Edit de Saint-Maur, ne tomboit que fur la mére feule, & non fur les autres parens maternels, comme il s'obferve au Parlement de Paris. (*A*)

Il eft affez furprenant, que les Parties, condamnées par ces Arrêts, au préjudice d'une Déclaration duëment enrégitrée, ayent été plus d'un fiécle, fans en porter leurs plaintes au Roi. Mais enfin il s'en eft trouvé depuis peu une plus hardie, qui s'étant pourvûë au Confeil, a fait revivre la Déclaration de 1575, en cette efpéce.

Jean-Baptifte de Guiran étant mort fans enfans, & fans teftament, fa fucceffion fut debatuë entre Sibille de Refcas du Canet, veuve de Jean-Baptifte de Gautier, Avocat Général au Parlement d'Aix, ayeule maternelle du défunt, & Marquife de Guiran, fa tante paternelle, laquelle prétendoit exclure l'ayeule, en vertu de la Déclaration de

(*A*) Mourgues, fur les Statuts de Provence, *Pag.* 210. 211.

1575. Néanmoins, l'affaire ayant été évoquée du Parlement de Provence en celui de Grenoble, il y eut Arrêt de ce dernier du 5 Septembre 1719, qui confirmant la Sentence du Sénéchal d'Aix, adjugea la fucceffion à l'ayeule, fur le fondement de l'ufage conftant du Parlement de Provence, juftifié par un grand nombre d'Arrêts, & par un Certificat même des Gens du Roi de cette Compagnie. Mais M^r. de Suffren, Doyen du même Parlement, héritier de Marquife de Guiran, s'étant pourvû au Confeil contre cet Arrêt, fur le fondement de la contravention à la Déclaration de 1575, il en obtint contradictoirement la caffation, par Arrêt donné au raport de M^r. Doublet de Perfan, au mois de Février 1724.

Cette décifion, qui fit grand bruit, & des motifs de laquelle j'ai été particuliérement informé, eft dans les régles. Car le Parlement de Provence ayant une fois enrégitré purement & fimplement la Déclaration de 1575, il n'avoit pas été en droit d'en abolir la difpofition de fon autorité privée.

S'il trouvoit des inconvéniens à la fuivre, il devoit en avertir le Roi, ou engager les Etats de la Province à demander une Déclaration contraire
qu'ils auroient aparemment obtenuë.
Sans cela il n'étoit pas libre à cette
Compagnie, de s'écarter d'une Loi,
qu'elle avoit reçuë sans contradiction,
& qu'elle avoit même long-tems exécutée, en rendant plusieurs Arrêts conformes. Réflexion, qui avoit déja été
judicieusement faite par Boniface. (*A*)

Mais comme les autres Parlemens
ne sont pas dans la même obligation,
de se conformer à cette Déclaration,
qui ne leur a jamais été envoyée, il
leur a été permis, de n'en pas suivre la
disposition. Aussi leur Jurisprudence
est-elle uniforme en ce point, que
quand la mére est morte avant son enfant, l'ayeul & l'ayeule de cet enfant,
du côté maternel, sont reçûs à lui suc-
céder, comme plus prochains, même
pour les biens paternels.

C'est l'interprétation, que les Arrêts
du Parlement de Paris ont donnée à

(*A*) Tom. 2. Liv. 1. Tit. 17. Ch. 2. n. 12.

l'Edit de Saint-Maur , comme on le reconnoît par ceux , qu'ont raportez Papon , (*A*) & les autres Arrétiftes.

Le nôtre a toujours été dans les mêmes principes. Bouvot (*B*) attefte que de fon tems il l'obfervoit de la forte. J'en ai vû encore deux Arrêts plus récens.

Le premier fut rendu au raport de M^r. Maltefte, le 12 Juillet 1670 , au profit d'André & N. Cufin , oncle & tante du côté maternel d'Anne Martin , laquelle n'avoit laiffé aucuns afcendans , contre Florence & Chriftine Martin, tantes paternelles de la défunte. Car la Cour confirma la Sentence du Bailliage de Bourg , qui avoit adjugé la moitié de la fucceffion aux héritiers paternels,& l'autre moitié aux maternels, fans diftinction de Propres & d'Acquêts.

Le fecond Arrêt, eft celui du 29 Avril 1723 , dont il a été parlé au Chapitre précédent , & qui fut rendu au profit

(*A*) Papon, *Liv.* 21. *Tit.* 1. *Arr.* 26. Mr. Bouguier, *Lett. E. n.* 1. Brodeau, fur Mr. Loüet, *Lett. M. Somm.* 82. *n.* 7.

(*B*) Eu fes Arrêts, *Tom.* 2. *Pag.* 1071. *Quefl.* 30.

d'un

d'un ayeul maternel, contre les héritiers paternels. Je ne fçache pas qu'il y
en ait eu de contraire.

Les motifs de cette Jurifprudence
font les mêmes, qu'on a établis ci-deffus. Je veux dire, qu'il n'eft pas vrai,
que l'Edit ait eu pour caufe finale la
confervation des Propres dans chaque
Ligne. Car encore que la Déclaration
de 1575 femble avoir décidé le contraire, néanmoins comme elle n'a été
renduë, que pour le feul Parlement
de Provence, & qu'elle paroît avoir
eu moins en vûë l'interêt général des
Peuples, que l'avantage particulier de
certaines perfonnes, les autres Parlemens ont crû devoir s'attacher au but
principal de l'Edit de Saint-Maur. Or
ce but femble avoir été, d'ôter aux
méres les occafions de défirer, ou
peut-être même d'avancer la mort de
leurs enfans, pour profiter de leurs
biens, & fe procurer par ce moyen un
fecond mariage plus avantageux. Puis
donc que cette confidération ne regarde point les autres parens maternels, il n'eft pas jufte de les compren-

dre dans la difpofition d'un Edit , qui
d'ailleurs n'a jamais été regardé , comme affez favorable , pour être étendu
d'un cas à un autre.

CHAPITRE VIII.

Si l'Edit exclut les parens maternels ,
quand la mére eft vivante.

LE fecond cas , fçavoir , quand la
mére fe trouve vivante au tems de
l'ouverture de la fucceffion , a été plus
controverfé au Parlement de Paris.

D'abord par un Arrêt du 13 Juillet
1598, raporté par Peleus, (*A*) on avoit
jugé , que l'ayeule en ce cas devoit être
exclufe. Mais la même difficulté s'étant
préfentée de nouveau le 23 Décembre
de la même année, les Juges fe trouvé-
rent partis en opinions , & le partage
fut levé au profit de l'ayeule. Cet Arrêt
a été fuivi de plufieurs autres conformes ; même dans des cas , où le défunt
avoit laiffé des fréres germains. Ils font

(*A*) Actions Forenfes , *Liv.* 4. *Act.* 2.

raportés par M^r. Bouguier , (*A*) &
par quelques autres. Cependant je
vois que par un dernier Arrêt du 19
Janvier 1684 , inféré au Journal des
Audiences , (*B*) la même queſtion
ayant été très-bien diſcutée par les
Avocats des Parties , il fut jugé que les
fréres & ſœurs germains du défunt excluoient l'ayeul & l'ayeule du côté
maternel. Ce qui ſemble avoir reſſuſci-
té l'ancienne Juriſprudence.

L'uſage du Parlement de Provence
eſt, que quoique la mére ſoit en vie,
l'ayeul & l'ayeule du côté maternel ne
laiſſent pas d'être préférés aux parens paternels , & même aux fréres du défunt;
à moins que ces derniers ne ſoient conjoints des deux côtés. Auquel cas les
aſcendans maternels ſont exclus , ſuivant Mourgues (*C*) & Boniface.

Mais l'on ne voit pas trop , ſur quoi
ce Parlement pourroit autoriſer cette
diſtinction. Car par la Déclaration du

(*A*) Mr. Bouguier , *Lett. E. n.* 1. & *Lett. S. n.* 16. Brodeau , ſur Mr. Loüet , *Lett. M. Ch.* 22. *n.* 7. & *ſuiv.* Re-
muſſon , & le Brun , aux lieux citez au Chap. précédent.

(*B*) *Tom.* 4. *Liv.* 7. *Ch.* 1.

(*C*) Mourgues , *ſur les Stat. de Prov.* Pag. 212. 113. 214.
Boniface , *Tom.* 5. *Liv.* 1. *Tit.* 21. *Ch.* 4.

G ij

25 Octobre **1575**, qu'il a enrégitrée, & qu'il ne peut se dispenser de suivre, sur tout depuis l'Arrêt du Conseil de **1724**, dont il a été parlé au Chapitre précédent, il est formellement porté, que *les parens du côté maternel ne peuvent prétendre les biens paternels , par aucun droit de proximité , pour s'en trouver la propre mére du défunt excluse , & par plus haute raison tous conjoints d'icelle entiérement forclos.* Laquelle disposition générale exclut toute distinction entre le cas de la mére morte , & celui de la mére vivante.

A l'égard de nôtre Parlement , le premier Arrêt , qu'il ait rendu sur cette question , a été en faveur des parens paternels , contre une ayeule maternel-le. Il est cité par Bouvot, (*A*) qui assure qu'il fut solemnellement prononcé au mois d'Aout **1595**.

Le contraire fut jugé depuis par un second Arrêt, donné en la Grand'Chambre le 10 Décembre **1642** , au raport de Mr. Berbis. Il s'agissoit de la succession de Philibert Cavasod, de Bourg en

(*A*) En ses Arrêts , *Tom.* 1, *Part.* 2, *Pag.* 165.

Bresse , disputée entre Christine Cavasod , sa cousine du côté paternel , &
Loüis , Jean , & Diane Mortier , ses
oncles & tante du côté maternel. Car
quoique Claudine Mortier sa mére fût
encore vivante , & eût recueilli ce qui
lui revenoit de la succession de son fils
en vertu de l'Edit de Saint-Maur , on
ne laissa pas de préférer pour le surplus
les parens maternels , comme plus prochains , à la cousine du côté paternel.

Mais enfin la même question s'étant
depuis presentée jusques à quatre fois ,
elle a toujours été décidée en faveur
des parens paternels; encore qu'ils ne
fussent pas fréres & sœurs germains de
ceux , dont la succession étoit disputée.

Le premier Arrêt fut rendu le 14
Mars 1646 , au raport de M^r. de Thé-
sut , en ces circonstances. Apollinaire
Grillet , de Villars en Bresse , étoit dé-
cédée en 1632 , après Pierre Grillet son
pére. Jeanne Bozon sa mére se mit en
possession de tous ses biens , & se remaria à Jean le Marquis. Elle mourut
peu de tems après , ayant institué son
mari pour héritier. Alors Marguerite

Farge, mére de Jeanne Bozon, fit inſtance à ſon gendre, pour lui relâcher
les Propres d'Apollinaire Grillet, ſa pe-
tite fille. Et ſur ce qu'il lui opoſa l'Edit
de Saint-Maur, dans lequel il prétendit qu'elle étoit compriſe, elle prit
ceſſion des droits de Georges Grillet, & conſorts, qui étoient les plus
proches parens paternels d'Apollinaire
Grillet. Là deſſus la Cour condamna
Jean le Marquis à relâcher les Propres de la défunte à Marguerite Farge, *en ſa qualité de ceſſionnaire*; &
pour marquer, que c'étoit ſur cette
ſeule qualité, qu'elle s'étoit détermi-
née, elle le condamna à la reſtitution
des fruits du jour de la ceſſion ſeulement.

Le 20 Juillet 1667, il y eut un Ar-
rêt pareil, rendu au raport de Mr.
Malteſte. Collet, ſur le Statut de Breſſe,
(*A*) en fait mention; mais de telle ma-
niére, qu'on n'en comprend pas le fait.
Le voici tel, que je l'ai vérifié ſur les
Mémoires du Raporteur, & ſur les Ré-
gitres de la Cour. Françoiſe Foret,

(*A*) *Part.* 2. *Pag.* 197.

morte *ab inteſtat*, avoit laiſſé Oriane Jacob ſa mére, Philibert Foret ſon oncle paternel, & Philiberte, Hippolyte, & Bernardin Jacob ſes oncles & tante du côté maternel. La mére avoit pris ſes droits, ſuivant l'Edit, en la ſucceſſion de ſa fille. Pour le ſurplus, les trois collatéraux maternels y prétendoient la moitié, & l'avoient obtenuë au Bailliage de Bourg. L'oncle paternel en avoit apellé, & ſoutenoit que les parens maternels étoient exclus; ſur tout la mére étant vivante. En effet la Cour réforma la Sentence, & adjugea tous les Propres à l'Apellant.

La même difficulté fut encore depuis ſolemnellement agitée dans les trois Chambres du Parlement, à cette occaſion. Me. François Martini, Avocat à Bourg, n'avoit laiſſé en mourant, qu'une fille, nommée Marie, qui mourut peu après lui. Philiberte Gonod ſa mére prit ſa part en ſa ſucceſſion, à la forme de l'Edit. Me. Salomon Gonod, ayeul maternel de la défunte, demanda d'être envoyé en poſſeſſion du reſte. Généviéve Martini, ſœur de

M^e. François Martini, s'y étant opo-
fée, il y eut à ce fujet conteftation
entr'eux, laquelle étant dévoluë par
apel à la Cour, y fut apointée. Enfuite
l'affaire ayant été raportée par M^r.
Démaillard, la Cour fe trouva deux
fois partie en opinions, premiérement
à la Grand'Chambre, & enfuite à la
Tournelle ; M^r. le Raporteur étant d'a-
vis, d'adjuger les Propres à la tante paternelle; & M^r. Efpiard l'aîné, Compar-
titeur, de les adjuger à l'ayeul maternel. Mais enfin le partage fut levé en
la Chambre des Enquêtes, & par Arrêt
du 12 Février 1680, les Propres furent
adjugez à la tante paternelle, à l'exclufion de l'ayeul.

J'ai vû rendre le quatriéme Arrêt en
cette efpèce. Après la mort de Benoiſt
Montmain, décédé *ab inteſtat*, Loüiſe
Mayer ſa mére, veuve de Joſeph Montmain, recueillit les Meubles & les Acquêts de la fucceffion de ſon fils. Il y
eut conteftation pour les Propres, qui
furent demandez d'une part par Antoine
Mayer, ayeul maternel du défunt, &
depuis par Jean François Mayer, &
conforts

conforts fes héritiers ; & de l'autre côté
par Claude Gouvet, en qualité de cef-
fionnaire des droits de Pierre & Jean
Montmain, oncles paternels de Benoist
Montmain. Le Juge de Saint Trivier
avoit adjugé les Propres à l'ayeul maternel. Mais y ayant eu apel de ce Jugement, la Cour par Arrêt donné en
la Tournelle tout d'une voix le 18 Décembre 1693, au raport de M^r. Le
Gouz, corrigeant le Jugement, adjugea les Propres à Claude Gouvet, cef-
fionnaire des droits des oncles paternels.

Quoique des Décifions auffi auten-
tiques ayent rendu nôtre Jurifprudence
certaine fur cette Queftion, je crois
néanmoins, que l'autorité des autres
Parlemens, dont l'ufage n'eft pas conforme, nous oblige à juftifier les raifons
qui ont fait prendre au nôtre un fentiment contraire.

Je pofe d'abord pour principe, que
quoique l'Edit paroiffe avoir voulu
abroger le Sénatufconfulte Tertyllien,
qui le premier admit les méres à la fucceffion de leurs enfans, il ne l'a pas

H

néanmoins entiérement anéanti. Car
il a confervé aux méres tous les Meubles & Acquêts de leurs enfans, &
l'ufufruit de la moitié de leurs Propres;
ajoutant de plus, que c'étoit *pour tout
droit de légitime part & portion dudit
héritage*; où l'on voit que ce mot, *héritage*, eft la même chofe, que *fucceffion.*

Il eft donc certain, que l'abrogation
du Tertyllien a été reftrainte aux Propres paternels, & par conféquent qu'il
eft demeuré en toute fa force pour
toute autre éfpèce de biens; comme
l'ont fort bien reconnu Mourgues, fur
les Statuts de Provence, (*A*) & Ru-
bys, fur nôtre Coutume. (*B*)

D'où il fuit, que les méres font demeurées vraiment héritiéres de leurs
enfans, *in certo genere bonorum*, ainfi
que Ricard (*C*) en eft demeuré d'accord.
Et par cette raifon elles ont parmi nous
un titre univerfel, fuivant les principes
reçûs parmi nos Auteurs; entr'autres

(*A*) Pag. 209. 210.
(*B*) *Tit. des Succeff. Art.* 9. *n.* 3.
(*C*) Des Subftitutions, *Part.* 1. *Ch.* 2. *n.* 91. & des Do-
nations, *Part.* 3. *n.* 923.

Argentré, (*A*) & Le Brun. Or ce titre
les oblige à contribuer aux dettes, &
conftituë par conféquent une différence effentielle entre l'Edit, & les
Statuts de plufieurs Villes d'Italie, qui
excluent entiérement les méres de la
fucceffion de leurs enfans, lorfqu'il fe
trouve des parens paternels.

C'eft encore une autre régle de
Droit, que comme les petits enfans ne
viennent point à la fucceffion de leur
ayeul, quand le pére eft rempli par fa
légitime, de même l'ayeul ne vient
point à la fucceffion de fon petit fils,
quand le pére, ou la mére y ont eu
leur part. Cela eft nettement décidé •
par la Novelle 118. (*B*) Car dans la
Ligne defcendante elle n'apelle le petit
fils, qu'en cas de prédécès du pére; &
dans la Ligne afcendante, elle n'apelle
l'ayeul, qu'en cas que fon fils n'exifte
plus, *falvâ gradus prærogativâ.* (*C*) Ce
qui a fait dire à Ricard, (*D*) que l'ayeul

(*A*) Argentré, *in Conf. Brit. Art.* 219. *Gl.* 8. *n.* 9. Le Brun,
des Succeff. Liv. 1. *Ch.* 5. *Sect.* 8. *n.* 21. 22.
  (*B*) *Cap.* 1. 2.
  (*C*) *Auth. Defuncto: Cod. Ad. Sc. Tertyll.*
  (*D*) Des Donations, *Part.* 3. *n.* 929.

maternel ne vient à la fucceffion de
fon petit fils, que par une efpèce de
repréfentation, femblable à celle, qui
fe fait dans la Ligne defcendante. Or
quand une fille a renoncé à la fucceffion future de fon pére, moyennant une
dot, quoiqu'inférieure à fa légitime,
fi elle furvit à fon pére, fes enfans ne
peuvent rien prétendre en la fucceffion
de leur ayeul, fuivant l'opinion de tous
les Docteurs. (_A_) Il en eft donc de même des afcendans, quand le premier
degré a fa portion légitime.

Les Partifans de l'opinion contraire
opofent en vain la _L. 2. §. ult. ff. ad
Sc. Tertyll._ qui porte, _matre remotâ,
eos admitti, qui venirent, fi mater non
fuiffet._ Car cette Loi, & autres fem-
blables, ne font aplicables, qu'au cas
d'une exclufion entiére de la mére,
telle qu'elle étoit autrefois avant le
Sénatufconfulte Tertyllien, & telle
qu'elle eft encore aujourd'hui en plufieurs Villes d'Italie. Encore le fenti-

_(A)_ Graffus, §. _Legitima._ _Quaft._ 4. _n._ 2. Merlin, _de Le-
gitim._ Lib. 1. Tit. 2. _Quaft._ 11. _n._ 1. Le Brun, _des Succeff._
Liv. 1. Ch. 4. Sect. 6. Diff. 1. v. 8, 9. &c.

ment de Bartole fur cette Loi, lequel est le plus communément fuivi par les Docteurs Ultramontains, est-il, que dans le cas de ces Statuts, l'exclufion de la mére entraîne celle de l'ayeul maternel. Et quoique Balde, & quelques autres, foient d'avis contraire, lorfque la mére eft morte avant fes enfans, ils fe réuniffent à Bartole en ce point, que quand elle fe trouve vivante, au tems de leur mort, l'ayeul maternel n'eft pas moins exclus de leur fucceffion, que la mére, comme on peut le voir dans Albert Brunus. (*A*) Or ici nous fommes en plus forts termes ; puifque la mére n'eft excluse, que de certains biens, dont elle eft dédommagée par d'autres, lefquels, en lui donnant le titre, & les charges d'héritiére, lui font remplir fon degré, & ferment le paffage aux plus éloignés.

Mais, fi le Droit Ecrit eft contraire aux parens maternels, quand la mére eft vivante, l'Edit le paroît encore davantage. Car, 1°. après avoir blâmé la Loi Romaine, qui faifoit fuccéder la

_____

(*A*) *Super. Stat. excludent. fœmin. Art. 6. n. 104. 105.*

mére à tous les biens de ſes enfans ſans diſtinction, *privant*, dit-il, *LES VRAIS HERITIERS des biens & patrimoines anciens* ; ce qui eſt contraire à l'uſage de preſque tout le Royaume, où les patrimoines ne ſont ôtés de l'eſtoc, d'où ils ſont dérivés, il finit, en ordonnant que les biens des enfans, qui proviendront du côté paternel, *retourneront à ceux, à qui ils doivent retourner.* Or qui ne voit, que ces derniers termes, marquent ceux-là mêmes, que l'Edit a apellés plus haut, *les vrais héritiers,* c'eſt-à-dire, *les parens de la Ligne paternelle*, ſuivant que Mellier l'a fort bien expliqué, & que le bon ſens le dicte? Donc, quand la mére eſt vivante, qui eſt le vrai cas de l'Edit, & même le ſeul, ſuivant l'interprétation des Arrêts, on ne peut douter de l'excluſion des parens maternels.

2°. La mére eſt traitée *d'étrangére* par ces mots du préambule de l'Edit : *Les voir emporter par une étrangére.* Si donc elle eſt tenuë pour telle en la ſucceſſion de ſes enfans, les autres parens de ſa Ligne, quels qu'ils ſoient, le ſont encore bien davantage.

3°. L'Edit paroît principalement fondé fur la crainte, que par des vûës d'interêt les méres *ne foient moins foigneufes, & curieufes de la vie de leurs enfans.* Qu'y auroit-il donc de plus contraire à l'intention du Légiflateur, que d'adjuger à l'ayeul maternel la portion retranchée à la mére, afin qu'elle pût la retrouver un jour en la fuccefion de fon pére ? Ne feroit-ce pas lui rendre d'une main, ce qu'on lui auroit ôté de l'autre ; & par conféquent faire tomber l'Edit dans une abfurdité manifefte ? On en trouve un bel exemple dans l'Arrêt du Parlement de Paris du 20 Juillet 1620, raporté pàr Brodeau fur Mᵉ. Loüet, (*A*) où une mére, exclufe par l'Edit de la fucceffion des Propres de fon fils, trouva néanmoins le moyen de l'avoir, encore qu'elle fût remariée, en prenant ceffion des droits de fa mére. Circonftance, qui méritoit d'être bien pefée, & qui auroit dû faire ouvrir les yeux, fur l'inconvénient, qu'il y a de s'écarter fi fort de l'efprit de l'Edit.

(*A*) *Lett. M. Somm.* 22. *n.* 9.

Je fçais bien, qu'un célébre Avocat du Parlement de Paris, dans des Ecritures tranfcrites au Journal des Audiences, (A) a employé toutes les forces de fon génie, pour montrer, que fi le Parlement de Paris avoit préféré les ayeuls maternels aux parens paternels, ç'avoit été pour éluder l'Édit ; & que ne pouvant y contrevenir directement, en faifant fuccéder la mére, il l'avoit renduë héritiére en la perfonne de fon pére, ou de fa mére, dont l'Edit par bonheur ne s'étoit pas expliqué.

Si cet habile homme a parlé de la forte, ce n'eft pas qu'il ne penfât comme nous. Perfonne n'a mieux établi que lui une partie des principes, fur lefquels nous venons de raifonner. Il eût même été de l'interêt de fa Partie de les pouffer auffi loin, que nous. Car il foutenoit, que les fréres & fœurs du défunt devoient exclure l'ayeul & l'ayeule du côté maternel, la mére étant vivante. Mais il avoit un grand obftacle à furmonter ; je veux dire la Jurifprudence du Parlement, où il plaidoit.

(A) *Tom.* 4. *Pag.* 573.

Il se voyoit donc obligé de nager entre le respect, qu'il devoit aux Arrêts, & l'interêt de sa cause. C'est ce qui lui fit insinuer avec adresse, que ces Arrêts avoient été rendus dans des cas, où la mére avoit interêt, que son pére & sa mére fussent héritiers; au lieu qu'elle avoit un interêt contraire, quand elle avoit des enfans, fréres germains du défunt. Ce tour lui réussit, & les ayeuls furent exclus; soit que cette distinction plût au Parlement de Paris; soit qu'il reconnût la foiblesse des raisons, qui avoient donné lieu aux précédens Arrêts.

En effet, d'où seroit venuë à ce Parlement cette prédilection pour les méres? Lui, qui les voit traiter bien plus durement dans la plus grande partie de son Ressort; puisque dans les Pays Coutumiers, non seulement elles n'ont aucune part à la proprieté des Propres paternels, mais qu'elles n'en joüissent pas même par usufruit.

Et quant à la distinction entre les fréres germains du défunt, & les autres collatéraux paternels, elle est évidem-

I

ment contraire aux termes de l'Edit, qui ordonne indiſtinctement, que *les Propres paternels retourneront à ceux, à qui ils doivent retourner.* Car ſi cela s'entend du Droit Coutumier, comme on n'en peut douter, les parens de la mére n'en ſont pas moins exclus par les couſins paternels, que par les fréres germains du défunt. Et ſi, contre l'eſprit de l'Edit, l'on veut l'entendre du Droit Ecrit, l'ayeul maternel n'eſt pas moins admis à la ſucceſſion, que le frére germain par la Novelle 118.

Je ne dois pas oublier, que Ricard, (*A*) agitant la queſtion, ſi l'ayeule maternelle, prétérite par le petit-fils, peut intenter la plainte d'inofficioſité, quand la mére eſt vivante, après avoir balancé entre les principes, & l'autorité des Arrêts, ne ſçachant preſque à quoi ſe réſoudre, propoſe enfin, de lui accorder une Légitime ſur les Propres maternels;mais à condition,qu'elle ne pourra impugner le teſtament,comme inofficieux,ni demander ſa Légitime, tant que vivra la mére.

Il n'en faut pas davantage, pour

(*A*) Des Donations, *Part. 3. n.* 927, *& ſuiv.*

comprendre, combien un faux principe entraîne d'abſurditez. Si la ſucceſſion
ab inteſtat apartient à l'ayeule maternelle, quand la mére eſt vivante, il
eſt bien vrai, qu'il lui faut une Légitime, en cas de teſtament. Mais pour
ſoutenir cette conſéquence, il faut
qu'on refuſe à cette ayeule les actions,
& les priviléges des autres Légitimaires.
Il faut même, qu'elle ne puiſſe joüir
de cette Légitime, qu'en voyant ren-
verſer l'ordre de la nature, & mourir
ſa fille avant elle. N'eſt-ce pas renver-
ſer auſſi toutes ſortes de régles, que
d'avancer de pareilles propoſitions ?
N'eſt-ce pas expoſer nôtre pauvre Droit
François à la riſée des Etrangers ? Mais
il ſera encore parlé de cette opinion de
Ricard ci-après au Chapitre XII.

CHAPITRE IX.

L'Edit ne s'entend point des ſucceſſions
teſtamentaires.

UNe autre difficulté, qui s'eſt
preſentée en interprétation de
l'Edit, eſt de ſçavoir, s'il doit être

entendu des fucceffions teftamentaires, comme de celles *ab inteftat* ; c'eft-à-dire, fi la mére fuccéde aux Propres paternels de fes enfans, quand elle a été inftituée leur héritiére, foit en tout, ou en partie ?

Le Commentateur de l'Edit prétend, qu'il comprend toutes fortes de fucceffions ; fe fondant fur ce que ces termes généraux, *ne fuccédent*, ne fe trouvent limitez par aucune expreffion. Et il faut avoüer, qu'à entendre l'Edit étroitement, fes raifons ne font pas fans aparence.

Mais plufieurs confidérations ont fait embraffer l'opinion contraire.

La premiére, que communément le mot *de fuccéder*, en nôtre Droit François, ne s'entend, que de la fucceffion *ab inteftat*.

La feconde, que dans les Pays de Droit Ecrit, pour lefquels a été fait l'Edit, on peut difpofer de tous fes Propres au profit des étrangers. Or on a jugé, que l'intention de l'Edit n'avoit pas été de rendre la condition des méres plus dure, que celle des perfonnes étrangéres.

D'ailleurs, comme il a été dit, tous les Tribunaux fe font accordés à reftraindre cette Loi nouvelle, le plus qu'ils ont pû. Ainfi il ne faut pas s'étonner, qu'aucun ne l'ait étenduë à la fucceffion teftamentaire.

Les Arrêts des Parlemens de Paris, & de Provence font connus de tout le monde. (*A*)

Le nôtre l'a jugé de la même maniére. J'en ai vû un Arrêt du 28 Juin 1642, rendu au raport de Mr. Milletot, qui conferva à Marie Tardy, ou à fes héritiers, la Légitime dans tous les biens de Philibert Colombet fon fils, du lieu de Treffort, lequel l'avoit inftituée fon héritiére, à charge de fidéicommis au profit des enfans d'Hercules Colombet fon frére.

L'on jugea de plus, par un autre Arrêt, du 8 Aout 1643, au raport de Mr. de Théfut, en faveur de Jeanne Sallé, fubftituée pupillairement par Denis

(*A*) V. Chopin, *in Conf. Andeg. Lib.* 3. *Cap.* 3. *Tit.* 2. *n.* 5. 6. Mr. Loüet, *Lett. M. Somm.* 5. Mourgues, *fur les Stat. de Provence, Pag.* 208. Renuffon, *des Propr. Ch.* 2. *Sect.* 20. *n.* 19. Le Brun, *des Succeff. Liv.* 1. *Ch.* 5. *Sect.* 8. *n.* 14. &c.

Bothier son mari, à Jaques Bothier son
fils, contre Claude Bothier, & conforts, parens paternels du fils, que
cette fubftitution pupillaire de tous
biens étoit valable. Ces Arrêts font raportez par Collet, fur les Statuts de
Breffe, (*A*) & je les ai vérifiés fur les
Régitres de la Cour. Je ne vois pas que
depuis ce tems, la chofe ait été révoquée en doute.

CHAPITRE X.

Comment fe régle la Légitime teftamen-taire de la mére.

LEs ufages des Parlemens de France font aujourd'hui uniformes fur
ce point.

Celui de Provence a toujours donné
en ce cas aux méres le tiers de tous
les biens, laiffés par leurs enfans, fans
diftinction des Propres, & des autres
biens. (*B*)

(*A*) *Part.* 2. *Pag.* 194. 196.

(*B*) V. Mourgues, fur les Statuts de Provence, *Pag.*
223. 224. Et Boniface, *Tom.* 5. *Liv.* 1. *Tit.* 21. *Ch.* 6.

Autrefois celui de Paris n'adjugeoit à la mére, que le tiers de ce qui lui étoit accordé par l'Edit de Saint-Maur. (*A*)

Préſentement il ſe conforme au Parlement de Provence. Il y en eut un Arrêt célébre, rendu le 9 Juillet 1683, & raporté au Journal du Palais, (*B*) où l'habile Compilateur finit en diſant, que l'Edit n'eſt pas fait pour les ſucceſſions teſtamentaires.

Nôtre Parlement a ſuivi la même Juriſprudence par l'Arrêt du 28 Juin 1642, raporté au Chapitre précédent. Car encore que l'héritier, ſubſtitué à la mére, fût un frére du défunt, la Cour ne laiſſa pas d'adjuger à cette mére la Légitime ſur tous les biens de ſon fils, ſans exception; & je ne connois point d'Arrêt contraire.

Cette pratique de toutes les Cours, qui ont reçû l'Edit de Saint-Maur, me paroît fort ſage; quoiqu'en ait voulu

---

(*A*) V. Brodeau, ſur Mr. Loüet, *Lett. M. Ch.* 1. *n.* 27. Le Brun, *des Succeſſ. Liv.* 1. *Ch.* 5. *Sect.* 8. *n.* 21. *& ſuiv.*

(*B*) *Tom.* 9. *Pag.* 222. *Edit. in* 4°.

dire Mᵉ. Jean Marie Ricard, (*A*) qui voudroit qu'on donnât à la mére l'ufufruit entiet de la moitié des Propres, & le tiers des Meubles, & Acquêts. Car, puifque l'Edit n'a pas lieu aux fucceffions teftamentaires, il ne paroît pas raifonnable de s'en fervir, pour régler une Légitime⁸, qui eft dûë en conféquence d'un teftament.

Il eft vrai, que fuivant quelques Docteurs, (*B*) quand les Loix ont diminué la part héréditaire d'une certaine perfonne, fa Légitime doit être diminuée à proportion.

Mais, 1°. l'opinion de ces Interprétes fe trouve balancée par celle de plufieurs autres, non moins habiles, (*C*) qui tiennent, que de telles Loix, étant odieufes, & contraires au Droit commun, ne doivent pas être étenduës hors de leur cas, qui eft celui de la fucceffion *ab inteftat.*

(*A*) Des Donations, *Part.* 3. *n.* 1022. 1023.
(*B*) V. Merlin, *de Legitimâ. Lib.* 1. *Tit.* 1. *Quaft.* 1. *n.* 16. 17.
(*C*) V. Entr'autres Salicet, & Jafon, *in Auth. Noviffima. Cod. De inoffi teftam.* Ricard, *des Donat. Part.* 3. *n.* 1024. *& fuiv.*

2°. Je

2°. Je ne conviens pas, que l'Edit de Saint-Maur ait été fait, pour diminuer la part héréditaire de la mére. Car souvent, loin d'être moindre, elle est beaucoup plus considérable, & absorbe quelques-fois même la succession entiére, lorsqu'elle ne se trouve composée, que de Meubles, & d'Acquêts. L'Edit n'a donc pas voulu diminuer la part de la mére, mais en changer la nature, & la fixer à un certain genre de biens.

Et l'on objecteroit en vain, qu'en réglant la Légitime testamentaire de la mére, suivant le Droit Romain, elle se trouveroit souvent plus forte, que sa part *ab intestat.* Car pour une fois, que cela arrivera ainsi, il y en aura mille, où sa Légitime sera plus foible de beaucoup; & quand on fait des régles générales, on ne s'arrête point à des événemens, qui dépendent du hazard.

Ce qu'on peut oposer de plus fort, est l'exemple de quelques Coûtumes, qui comme la nôtre, réglent la Légitime testamentaire des ascendans par proportion à la succession *ab intestat;* quoi-

K

qu'ils n'ayent aucune part dans les Propres, qui ne viennent pas de leur Ligne.

Mais ce qui fait une différence essentielle de ce cas au nôtre, c'est que ces
Coutumes ont établi une égalité parfaite entre le pére & la mére ; au lieu
que la distinction odieuse, que l'Edit a
introduite entr'eux, ne permet pas d'en
étendre l'effet hors de son cas.

D'ailleurs, quand on dit que la Légitime est le tiers de ce qu'on auroit eu
ab intestat, cela s'entend de ce qu'on
auroit eu par le Droit commun. Or
nous n'en connoissons point d'autre,
que nôtre Droit Coutumier, suivant la
judicieuse remarque de Mr. Grivel. (*A*)
Mais il n'en est pas de même dans les
Pays, où le Droit Ecrit est le véritable
Droit commun, auquel il faut recourir
pour la succession testamentaire ; puisque l'Edit n'a aporté de changement,
que pour la succession *ab intestat* seulement.

Je pourois agiter ici la question, si la
Légitime de la mére est le tiers de tous
les biens du fils, ou le tiers du tiers seu-

(*A*) *Decis.* 70. n. 67.

lement ? Mais comme j'en parle au dernier Article de ma Differtation, fur la subftitution pupillaire, on poura y recourir.

⁂⁂⁂⁂⁂⁂⁂⁂⁂⁂⁂⁂⁂

CHAPITRE XI.

De l'Action, qui apartient à la mére, prétérite par le teftament de fon fils.

PAr l'ancien Droit (*A*) la mére prétérite par fes enfans, avoit la voie de la Plainte d'inofficiofité, qui tendoit à la caffation entiere du teftament.

La Novelle 115 (*B*) a donné de plus aux afcendans le droit, de faire déclarer nuls les teftamens de leurs defcendans en cas de prétérition. Mais elle a reftraint cette nullité à la feule inftitution d'héritier ; laiffant fubfifter toutes les autres difpofitions, portées par ces actes.

Ces Loix n'ayant jamais été révo-

(*A*) L. *Cum filium.* 17. *Cod. De inoff. teft.*
(*B*) *Novell.* 115. *Cap.* 4.

quées, il ne paroît pas douteux, que la mére ne puiſſe s'en prévaloir. Cependant Brodeau, ſur Mr. Loüet, (*A*) a ſoutenu le contraire, & que depuis l'Edit de Saint-Maur, la mére, au lieu d'attaquer le teſtament de ſon fils, devoit ſe contenter, de demander à ſon héritier les droits, qui lui apartiennent en vertu de cet Edit.

Sa raiſon eſt, que la Plainte d'inofficioſité ne doit être reçûë, que quand il n'y a point d'autre reméde contre la prétérition. (*B*) D'où il conclut, que la mére pouvant demander ſes avantages en vertu de l'Edit, on ne doit point lui accorder le ſecours extraordinaire de la Plainte. Ce qu'il fortifie par un Arrêt prononcé en robes rouges au Parlement de Paris le 7 Septembre 1615, par lequel la derniere diſpoſition d'un Lyonnois, qui avoit laiſſé tous ſes biens à un étranger, ſans faire mention de ſa mére, fut confirmée, ſous le bénéfice des offres, que fit le légataire uni-

(*A*) *Lett. L. Ch. 1. n. 27. & Lett. M. Ch. 12. n. 2.*
(*B*) §. 2 *Inſtit. De inoff. teſt.*

verfel , d'abandonner à la mére , ce
que l'Edit lui donnoit.

Ricard , (*A*) & Le Brun au contraire accordent à la mére la Plainte d'inofficiofité , & donnent à l'Arrêt de
1615 des motifs particuliers. Mais ils
prétendent , que cette action n'emporte pas la caffation du teftament du fils
pour autre chofe , que pour les droits
de la mére.

Le fentiment de ces derniers ne me
paroît pas foutenable. Car c'eft une
maxime certaine en Droit , que l'inofficiofité emporte la caffation du teftament. Et quand il feroit vrai , que
même depuis la Novelle 115 , les afcendans feroient encore obligés de
combattre les teftaments de leurs defcendans par la voie de la Querelle ,
toujours feroit-il conftant , que l'inftitution d'héritier feroit annullée par
cette action, aux termes de cette Conftitution.

Je ne fçaurois goûter non plus
l'opinion de Brodeau. Non que je

(*A*) Ricard, *Des donat. Part.* 3. *n.* 922 , & *fuiv.* & Le
Brun *Des Succeff. L.* 1. *Ch.* 5. *Sect.* 8. *n.* 20 , & *fuiv.*

croye, que la Plainte d'inofficiofité
puiffe être accordée à la mére. Mais
je ne vois pas ce qui pourroit l'empêcher, de foutenir la nullité de l'inftitution d'héritier, portée par le teftament de fon fils, conformément à la
Novelle.

Il eft vrai, que quelques Docteurs
ont prétendu, qu'elle ne pouvoit y par-
venir, que par la voie de la Plainte. Mais,
outre que cette opinion eft prefque généralement réprouvée des Docteurs, il
eft fûr, qu'elle eft rejettée dans tous les
Tribunaux de France, où l'on ne
connoît plus d'autre action en ce cas,
que la demande en déclaration de nullité du teftament, fuivant la Novelle,
& en conféquence la pétition d'héré-
dité. On en verra la preuve dans la
Differtation, fur la fubftitution pupillaire, qui fera inférée à la fin de ce
Traité. Ainfi Brodeau aplique ici inutilement des Régles, qui ne regar-
doient que l'action d'inofficiofité, &
qui étoient fondées fur des confidérations particuliéres à cette action.

A l'égard de l'Arrêt de 1615, il

faut prendre garde , qu'il ne s'y agif-
foit pas d'un véritable teftament , tel
que ceux , qui font en ufage aux Pays
de Droit Ecrit. Il fut fait à Paris , par
un Lyonnois à la vérité ; mais dans la
forme de la Coutume de cette Ville ;
de forte qu'au lieu d'un héritier , il
avoit nommé un légataire univerfel.
Ainfi la mére ne pouvoit , à la forme
de la Novelle 115 faire annuller l'inftitution d'héritier , puifqu'il n'y en
avoit point. Elle ne pouvoit pas non
plus intenter la Plainte d'inofficiofité,
par les raifons,qui viennent d'être dites.
Tout ce qu'elle pouvoit foutenir ,
c'eft que le teftateur, étant domici-
lié au Pays de Droit Ecrit, avoit dû
faire fon teftament fuivant les Loix,
qui s'y obfervent , & par conféquent
inftituer un héritier , à peine de nullité.
Mais la Cour jugea le contraire , comme on peut le voir dans Montholon ,
(*A*) où cet Arrêt eft plus exactement
raporté. Elle confidera fans doute la difpofition du Lyonnois , comme un codicile, ou comme une donation à caufe

(*A*) Montholon, *Arr.* 126.

de mort, que la prétérition ne fait point
annuller, & qui n'empêchent pas l'héritier naturel de retenir fa Légitime.
C'eft tout ce qu'on doit inférer de cet
Arrêt, qui ne peut être apliqué au cas
d'un véritable teftament.

Si l'on étoit dans ce dernier cas, je
tiens qu'on ne pouroit raifonnablement
refufer le choix à la mére, foit de demander fimplement les droits, qui lui
apartiennent par l'Edit de Saint-Maur,
foit de faire caffer l'inftitution d'héritier, en vertu de la Novelle 115. Car
encore que par cette derniere voie elle
ne puiffe prétendre, que ce qui lui eft
accordé par l'Edit, on ne peut néanmoins trouver mauvais, qu'elle demande juftice de l'efpèce d'injure, qui lui
a été faite par fon fils, & qui ne peut
être convenablement réparée, que par
la caffation de fa difpofition. Auffi le
Parlement de Dijon l'a-t-il jugé en plus
forts termes, en cette hypothèfe.

Philibert du Bofc, du Pays de Breffe,
ayant encore fa mére, nommée Antoinette Biria, fit fon teftament, par
lequel il inftitua Antoine Alordot fon
mari

mari, & légua une fomme de 100 livres à fa mére. Celle-ci impugna cette
difpofition, non par la prétérition,
puifqu'il y avoit été fait mention d'elle,
mais pour n'y avoir pas eu le titre d'héritiére. On lui répondit, qu'elle n'avoit
que l'action en fuplément, jufqu'à concurrence de ce qui lui étoit dû, fuivant
l'Edit. Neanmoins le teftament fut déclaré nul par Sentence du Juge des
Apellations de Pontdevaux, qui fut
confirmée par Arrêt donné à l'Audience
publique du 10 Décembre 1646, plai-
dans Tribolet, & Baudot.

Si la Cour le décida de la forte dans
un cas, où la mére n'avoit point été
oubliée, on ne peut pas douter, qu'elle
ne l'eût jugé de même au cas d'une
prétérition totale. Cette Jurifprudence
eft d'autant plus jufte, qu'elle écarte le
doute, qui pouroit naître de celle du
Parlement de Paris, dont il a été parlé au Chapitre précédent, fur la maniére de régler la quotité de la Légitime
de la mére. Car, en laiffant fubfifter le
teftament, on pouroit foutenir, qu'elle
doit être réglée fur le pied d'une Lé-

L

gitime teſtamentaire. Et l'on ne peut pas
dire, que l'Arrêt de 1615, qui vient d'être
cité, l'ait jugé autrement ; parce qu'il ne
prononça ſur ce chef, que conformément
aux offres du légataire univerſel , com‑
me il paroît par le récit de Montholon.

D'ailleurs par la *L. Mater.* 19. *ff. de
inoſſ. teſt.* les parens, qui n'avoient pas
droit par eux-mêmes , de faire annuller
le teſtament , ne laiſſoient pas d'en pro‑
fiter , quand l'action en étoit juſtement
intentée par un autre. Or il n'eſt pas
juſte de les priver de ce ſecours , en re‑
fuſant à la mére l'action , dont il s'a‑
git ; & c'eſt une nouvelle raiſon , qui
la rend encore plus favorable.

CHAPITRE XII.

*Du cas , où le fils a prétérit , non‑
ſeulement ſa mere , mais encore ſon
ayeule maternelle.*

MAître Jean Marie Ricard, (*A*) après
avoir accordé à la mére prétérite
les avantages portés par l'Edit de Saint‑

(*A*) Des Donations , *Part.* 3. *n.* 929.

Maur, demande ce qu'on doit faire, si le fils a non-seulement prétérit sa mére, mais encore son ayeule maternelle; & si cette ayeule peut intenter la Plainte d'inofficiosité ?

Sur quoi il résout, qu'elle ne peut former cette Plainte, pour faire casser l'institution de son chef, mais qu'elle doit simplement demander sa Légitime; à condition néanmoins de n'en joüir, qu'après l'usufruit de la mére fini.

Sa raison est, que l'ayeule & la mére en cette occasion ne doivent être considérées, que comme une seule, & même personne; l'ayeule ne venant à la succession, que par une espèce de représentation de la mére. D'ailleurs il n'est pas juste, qu'elles joüissent toutes deux en même tems d'un droit, qui n'est dû, qu'une fois.

Il est difficile de trouver plus de méprises, rassemblées en si peu de paroles.

Car si l'ayeule & la mére ne sont considérées, que comme une seule personne, comment se peut-il faire, qu'elles ayent chacune une Légitime ?

L ij

Si l'une repréfente l'autre , comment ont-elles des portions différentes ;
l'ayeule ayant droit en la propriété
d'une partie des Propres paternels , &
la mére n'en ayant que l'ufufruit ? Où
a-t-on vû , que la perfonne repréfentée
ait moins par elle-même , que n'en a
celle , qui la repréfente ?

Enfin , fi en ce cas il eft dû une Légitime à l'ayeule , quoique la mére foit
vivante , pourquoi la condition de cette Légitime fera-t-elle pire , que celle
des autres ? Et de quel droit en refufe-
ra-t-on les fruits à l'ayeule , du jour
de l'ouverture de la fucceffion ?

Il y auroit un beau champ à difcou-
rir là-deffus. Mais cela me meneroit
trop loin. Sans que j'en dife davantage , on comprendra aifément l'irrégularité d'un pareil fentiment. D'ailleurs
j'en ai déja dit un mot fur la fin du Chapitre VIII. Tâchons feulement de dé-
couvrir la fource de tant d'erreurs.

Les Arrêts du Parlement de Paris
ayant établi une fois , que l'ayeule maternelle fuccédoit *ab inteſtat* , quoique
la mére fût vivante , Ricard a crû que

c'étoit une conséquence , pour qu'en cas de teftament il lui fût dû une Légitime. Et comme il a bien fenti , que ces deux Légitimes ne pouvoient compatir enfemble , il leur a donné un ordre fucceffif.

En quoi il ne s'eft pas aperçû , que cet ordre renverfoit celui de la Nature, & qu'il obligeoit la mére à attendre , contre le vœu naturel , la mort de fa fille , pour entrer en joüiffance de fa portion. Et telle eft la fuite , & l'enchaînement des conféquences , quand on raifonne fur un faux principe.

Heureufement rien de tout cela n'eft à craindre de la Jurifprudence de nôtre Parlement. L'ayeule maternelle n'ayant rien à prétendre en la fucceffion *ab inteftat* de fon petit-fils , lorfque la mére eft vivante , il ne lui eft dû aucune Légitime , en cas de teftament. Ainfi plus d'action , pour fe pourvoir contre la difpofition de fon petit fils ; plus de concours de Légitimes entre la mére & la fille ; & par conféquent plus d'embaras.

Les mêmes Arrêts du Parlement de

Paris ont jetté Henrys, (*A*) dans une autre erreur. Car voyant que par ces Préjugez la mére pouvoit être impunément prétérite, il s'eſt imaginé que l'ayeul, & l'ayeule, du côté maternel, devoient prendre ſa place, encore qu'elle fût vivante, & par conſéquent que leur prétérition annulloit le teſtament du petit-fils.

Mais ſon habile Commentateur a ſi bien réfuté cette doctrine, que je ne m'arrêterai pas à en montrer la fauſſeté.

De là néanmoins le même Henrys (*B*) a pris occaſion d'agiter cette autre Queſtion, ſi le teſtament étant nul par la prétérition de l'ayeul du côté maternel, les legs, qui ſubſiſtent ſuivant la Novelle 115, doivent être pris ſur la part de la mére, ou ſur le ſurplus des biens? Mais l'on ſent aſſez par l'embaras, où cela jette ce ſçavant homme, combien il eſt difficile de ſe tirer des mauvais pas, où engage l'erreur d'un mauvais principe. Ainſi, au lieu de s'en ſervir pour fondement, il auroit mieux

---

(*A*) *Tom.* 1. *Liv.* 5. *Ch.* 4. *Queſt.* 28. & 42.
((*B*) *Ibid. Queſt.* 42.

fait de s'apliquer à en montrer la foi-
bleſſe , & à ſoutenir , comme nous
avons fait au Chapitre VIII. que les
aſcendans maternels n'ont rien à prétendre en la ſucceſſion des petits-fils ,
tant que la mére eſt vivante.

CHAPITRE XIII.

Si la ſubſtitution pupillaire exclut la mére,
ſoit de la Légitime dans les biens de
ſes enfans , ſoit du bénéfice de l'Edit
de Saint-Maur.

C Ette queſtion a été extrémement
controverſée entre les Interprétes,
par raport à la Légitime. L'on verra
ci-après , dans une Diſſertation particuliére , quels ſont leurs différens
ſentimens , & quelle eſt à cet égard
la Juriſprudence des Parlemens de
France.

L'on a jugé dans le nôtre , que nonobſtant la pupillaire expreſſe , la mére
devoit avoir la Légitime dans les biens
de ſon fils. Mais comme l'Arrêt a été

donné , entre des Parties du Pays de Breſſe , dans un tems , où l'Edit de Saint-Maur n'y étoit point encore reçû , on péut demander , ſi depuis qu'il s'y obſerve , la mére doit avoir ſa Légitime ſur tous les biens de ſon fils , comme par cet Arrêt , ou ſeulement ſuivant qu'elle eſt réglée par l'Edit ?

Ricard , (*A*) & Le Brun tiennent , que la mére n'y peut rien prétendre ; ſoit que la ſubſtitution pupillaire ſoit expreſſe , ou ſeulement compendieuſe. C'eſt une ſuite de leur ſentiment, qu'il ne lui eſt point dû de Légitime ; non pas même dans le cas de la compendieuſe. Mais l'on verra dans la Diſſertation , dont je viens de parler , qu'ils ſe ſont trompés , tant ſur le principe , que ſur les conſéquences. L'on y verra auſſi, qu'encore que la Juriſprudence des Parlemens ne ſoit pas uniforme ſur ce point , le plus grand nombre néanmoins eſt favorable à la mére ; ſur tout au cas de la ſubſtitution compendieuſe.

A l'égard du nôtre , comme il lui

(*A*) Ricard , *des Subſtit. Part.* 1. *Ch.* 2. *n.* 69. Le Brun , *des Succeſſ. Liv.* 1. *Ch.* 5. *Sect.* 8. *n.* 14.

accorde

accorde la Légitime , même au cas
de la pupillaire expreſſe , il n'eſt plus
queſtion, que de ſçavoir , ſur quel
pied elle y doit être réglée. Or il me
paroît, qu'elle doit l'être , comme ſi
le fils avoit lui-même fait ſon teſtament.

La raiſon eſt, comme il ſera remarqué
en la Diſſertation, ſur la ſubſtitution pupillaire, que la prétérition de la mére, ni
ſa demande en Légitime n'annullent
point entiérement cette eſpèce de ſubſtitution. Or, quoi qu'elle en porte le
nom , elle doit néanmoins être regardée , comme le teſtament de l'impubére, que lui a dicté ſon pére , *quod*
pater ei fecit, ainſi qu'il ſera prouvé
plus au long en la même Diſſertation.
Et de là vient , que par la *L. 2. §. im-*
puberem. 5. ff. Ad Sc. Tertyll. il eſt dit,
qu'en ce cas l'impubére n'eſt pas cenſé mourir *ab inteſtat*. Il faut donc rai-
ſonner en cette occaſion , comme
s'il avoit fait ſon teſtament lui-même, & inſtitué ſa mére en ſa Légitime ;
qui eſt le cas , dont il a été parlé ci-
deſſus , au Chapitre X.

M

CHAPITRE XVI.

Ce qu'on doit entendre par le terme de Conquêts, porté par l'Edit.

L'Edit de Saint-Maur ordonne, que les méres *fuccéderont aux Meubles & Conquêts, provenus d'ailleurs, que du côté & Ligne paternelle.*

Quelques perfonnes, (*A*) ont critiqué ce terme de *Conquêts.* Car il n'eft d'ufage, que pour fignifier les biens acquis pendant la communauté conjugale ; & elle n'a pas lieu dans les Pays de Droit Ecrit, pour lefquels a été fait l'Edit. D'ailleurs il n'eft point ici queftion de diftinguer les Acquêts des Propres de communauté ; mais des Propres de fucceffion.

On pouroit défendre l'Edit par l'exemple de quelques Coutumes, où le terme de *Conquêts* a été employé de même, par opofition aux Propres de fucceffion & de Ligne, comme en l'Ar-

(*A*) V. M. Bretonnier, en fon Recueil de Queftions de Droit, *Pag.* 425. 428.

ticle 561 de l'ancienne Coutume de Bretagne, qui eſt le 593 de la nouvelle.

Il faut néanmoins avoüer, que le mot, *Acquêts*, auroit été plus convenable, pour marquer les biens, que les enfans auroient acquis eux-mêmes. Car à l'égard de ceux, qui leur ſont échûs par la ſucceſſion de leur pére, ou d'autres collatéraux, ce ſont tout au moins des Propres naiſſans en leurs perſonnes, dont la mére eſt excluſe, ſuivant l'eſprit du Droit Coutumier, auquel l'Edit a voulu ſe conformer. Auſſi eſt-ce de cette maniére, qu'il doit être entendu, & qu'il ſe pratique.

CHAPITRE XV.

Si par l'Edit la mére eſt privée des Meubles, qui viennent de la Ligne paternelle.

LA maniére ambiguë, dont eſt conçû le diſpoſitif de l'Edit, tel qu'il a été raporté au Chapitre précédent, fit d'abord douter, ſi la mére pouvoit prétendre la propriété des Meubles,

qui venoient de la Ligne paternelle de
ſes enfans, quand on pouvoit en reconnoître l'origine.

Pour la négative on diſoit, que ce
terme, *provenus*, ne ſe raporte pas
moins à celui de *Meubles*, qu'à celui
de *Conquêts*, & l'on employoit toutes
les raiſons, dont s'eſt ſervi Argentré,
(*A*) pour prouver la même choſe, &
qui ſe trouvent miſes dans un grand
jour au Journal des Audiences. (*B*)

Le Parlement de Paris a en effet ſuivi quelques-fois ce ſentiment; quoiqu'en d'autres occaſions il ait adjugé à
la mére tous les Meubles ſans diſtinction. Cette variation ſe trouve marquée
dans pluſieurs Auteurs. (*C*)

Le Parlement d'Aix jugeoit anciennement, que la mére étoit excluſe des
Meubles, qui provenoient du côté paternel; & ſur ce fondement le nôtre le

---

(*A*) *In Conſuet. Brit. Art.* 561. *Gl.* 1. *n.* 4.

(*B*) *Tom.* 4. *Pag.* 562.

(*C*) V. Mr. Loüet, & Brodeau, *Lett. M. Ch.* 22. Le
Journal des Audiences, *Tom.* 4. *Liv.* 7. *Ch.* 1. Celui du
Palais, *Part.* 2. *Pag.* 499. Edit. 4°. Celui d'Augeard, *Tom.*
3. *Pag.* 53. Bretonnier, ſur Henrys, *Tom.* 1. *Liv.* 6. *Ch.*
2. *Queſt.* 7. & en ſon Recueil de Queſtions, *Pag.* 426. 427.

décida de même le 18 Mai 1621, au raport de M^r. de Saumaife, contre Claire de Cabre, veuve de M^{re}. Pierre Blancard, Préfident aux Enquêtes du Parlement de Provence, d'où le procès avoit été évoqué. Mais aujourd'hui le même Parlement adjuge aux méres les Meubles, de quelque côté, qu'ils proviennent, fuivant un Réglement général, qu'il en a fait, & qui a été fuivi de plufieurs Arrêts conformes, au raport de Mourgues, (*A*) & de Boniface.

Cette derniére Jurifprudence paroît certainement la mieux fondée, ainfi qu'en demeurent d'accord nos meilleurs Auteurs. (*B*)

Le Nouveau Commentateur d'Henrys, a même inféré en fes Obfervations fur cet Auteur, (*C*) une trés-belle Confultation de fix des plus célébres Avocats du Parlement de Paris, qui prouve

(*A*) Mourgues, *fur les Stat. de Provence*, *Pag.* 219. 220. Boniface, *Tom.* 2. *Liv.* 1. *Tit.* 17. *Ch.* 1.

(*B*) Outre Mes. Bretonnier, & Augeard, aux lieux citez, V. Renuffon, *des Propr. Ch.* 2. *Sect.* 20. *n.* 7. 8. & Le Brun, *des Succeff. Liv.* 1. *Ch.* 5. *Sect.* 8. *n.* 15. *& fuiv.*

(*C*) *Tom.* 1. *Liv.* 6. *Ch.* 2. *Queft.* 7.

la folidité de cette doctrine par des raifons, aufquelles il n'eft pas poffible de
réfifter.

· Auffi nôtre Parlement s'y eft-il conformé par tous les Arrêts, qu'il a rendus entre des perfonnes de fon Reffort.
En voici trois, qui l'ont décidé de la
forte.

Le premier fut donné à l'Audience
du 8 Juillet 1641, au profit de Jeanne
Michelin, veuve de Philibert Guillemeau, de Chamrougeroux, en la Breffe
Châlonnoife, au fujet de la fucceffion
de deux enfans, qu'elle avoit eu de lui.

Le fecond fut rendu le 28 Juillet
1663, au raport de Mᵗ. Bretagne,
après en avoir confulté les Chambres,
en faveur de Philiberte d'Alban, de
Pontdeveyle, qui demandoit la fucceffion mobiliaire de Philibert & Jaques
Deveyle fes enfans d'un premier lit,
contre Mᶜ. Philibert Deveyle, coufin
paternel de ces mêmes enfans.

Et le dernier eft du 20 Juillet 1667,
au raport de Mʳ. Maltefte, pour Oriane
Jacob, veuve de Jaques Foreft de
Breffe, au fujet de la fucceffion de

Françoife Foreſt ſa fille , contre ſes autres héritiers. Après tant de déciſions,
il n'y a pas d'aparence que cette queſtion puiſſe déformais faire difficulté en
cette Province.

CHAPITRE XVI.

*Quelles choſes ſont compriſes ſous le nom
de Meubles , dans le cas de l'Edit.*

PAr les Arrêts du Parlement de
Provence, dont il vient d'être parlé,
il a été décidé, que ſous le mot de
Meubles,étoient compris, non ſeulement
tous les meubles , & les uſtenciles de
la maiſon ; les fruits ſéparés de la terre ;
l'or, l'argent, & les beſtiaux,de quelque
nature & eſpèce, qu'ils fuſſent, & à
quelque quantité,qu'ils pûſſent monter;
mais encore les dettes à jour , les arré-
rages de rentes , & les actions mobiliaires.

La même choſe fut jugée par un Arrêt du Parlement de Paris du 29 Mars
1631, qu'on trouve dans Henrys. *(A)*

(A) *Tom.* 1. *Liv.* 6. *Ch.* 2. *Queſt.* 8.

Le nôtre s'y eft conformé par l'Arrêt du 20 Juillet 1667, qui a été raporté au Chapitre précédent. Car il adjugea à la mére tous les effets mobiliers de fa fille; entr'autres les cheptels de beftiaux, & même les obligations, qui portent interêts, fuivant l'ufage particulier du Pays de Breffe.

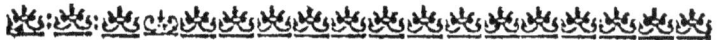

CHAPITRE XVII.

Si la mére a tous les Meubles & Acquêts, quand elle fe trouve en concurrence avec le pére, ou les fréres, & fœurs germains du défunt.

LEs Arrêts de ce Parlement, que j'ai raportés aux deux précédens Chapitres, ont été rendus dans des cas, où la mére fe trouvoit la plus proche héritiere de fon enfant, & où par conféquent elle emportoit feule tous les Meubles, & les Acquêts de fa fucceffion.

Mais il y auroit plus de doute, fi l'enfant décédé avoit laiffé des fréres

germains

germains, fon pére, ou quelqu'un d'eux; les uns & les autres étant en droit de concourir avec la mére, fuivant la Novelle 118.

Comme les Arrêts du Parlement de Paris ont varié fur cette queftion; les uns ayant adjugé le tout à la mére; les autres ayant admis au concours les fréres & fœurs de l'enfant décédé; les Avocats du même Parlement fe font auffi trouvez fur cela de differens avis, fuivant le témoignage du Commentateur d'Henrys. (*A*)

Le Parlement de Provence au contraire a toujours jugé, qu'en ce cas la difpofition de la Novelle 118, devoit être fuivie. Mourgues, fur les Statuts de Provence, (*B*) en raporte plufieurs Arrêts, & les apuye de fortes & folides raifons.

En effet, l'on a remarqué au Chapitre VIII. que l'Edit de Saint-Maur n'a pas été fait, pour abroger en tout les Conftitutions des Empereurs fur la fucceffion des méres. Il n'a voulu, qu'en

_____

(*A*) *Tom.* 1. *Liv.* 6. *Ch.* 2. *Queft.* 7. *Pag.* 887.
(*B*) *Pag.* 216. 217.

N

reſtraindre la diſpoſition , ſur l'article des Propres paternels. C'eſt le ſeul point , où il ait touché. Auſſi étoit-ce le ſeul , qui intéreſſât les anciennes familles , & qui pût faire naître les différens inconvénients, qui ſont marquez au préambule de l'Edit.

Il ſuit de-là, que pour le reſte le Droit Ecrit eſt demeuré en ſa force , ſans aucun autre changement. Or , puiſque ce Droit admet le concours des fréres germains , & du pére, avec la mére , il paroît être d'une conſéquence néceſſaire, de l'admettre encore dans toutes les choſes , auſquelles la mére ſuccéde aujourd'hui.

D'ailleurs , ſi l'on prend garde aux termes de l'Edit , on reconnoîtra, que par ſa diſpoſition , *les méres ſuccédent bien aux Meubles & Acquêts* ; mais non pas , *qu'elles y ſuccédent ſeules*. Ce que néanmoins il eût été néceſſaire d'ajouter , ſi l'on avoit voulu abroger le Droit commun , & faire perdre au pére, & aux fréres germains le concours , que les Loix leur donnoient auparavant. Ainſi , puiſque ſur ce point il ne ſe trou-

ve rien d'incompatible entre l'Edit , &
le Droit Ecrit , la régle eſt de les accorder , enſorte qu'ils ayent tous deux
leur effet. Ce qui ne ſe peut faire , que
par le concours du pére , & des fréres
avec la mére.

Il y en a même un exemple en nôtre
Coutume , dont la diſpoſition n'eſt pas
fort éloignée de celle de l'Edit. Car
quoique les péres , & les méres , n'y
ſuccédent point aux héritages anciens,
provenans d'une autre ſouche , que la
leur , ils ſont néanmoins tenus de concourir avec les fréres , & les ſœurs de
leur enfant décédé , en la ſucceſſion de
ſes Meubles & Aquêts.

Si l'on en uſoit autrement , il en ré-
ſulteroit une injuſtice manifeſte. Car
cet Edit , qui a eu pour objet de favoriſer les parens paternels , à la tête deſquels ſont ſans doute le pére , & les
fréres de l'enfant , tourneroit au contraire à leur préjudice ; en les excluant
d'un droit , qui leur apartenoit en la
ſucceſſion du défunt , & quelques-fois
même de la ſucceſſion toute entiére ,
dans le cas , où elle ſeroit uniquement

N ij

compofée de Meubles, & d'Acquêts, comme il arrive affés fouvent. Chofe, qui feroit monftrueufe, & contraire aux droits de la nature.

Loin que telle ait été la penfée de l'Auteur de l'Edit, il y a grande aparence, qu'uniquement occupé du cas, qui lui avoit été propofé par le Maréchal de Montluc, il ne dreffa la Loi, que rélativement à ce cas, comme le croit avec beaucoup de fondement le Commentateur d'Henrys; (*A*) & que n'ayant pour objet, que d'empêcher une mére de fuccéder à un fils unique, il n'a pas prévû les autres hypothèfes.

Ce qui a déterminé Renuffon, (*B*) & Le Brun à donner en ce cas tous les Meubles & Acquêts à la mére, c'eft la penfée, qu'ils ont eu, que l'Edit avoit voulu rendre les Pays de Droit Ecrit conformes fur ce point à la France Coutumiére, dont le Droit commun, felon eux, eft que la mére ex-

_____

(*A*) *Tom.* 1. *Pag.* 888.

(*B*) Renuffon, *des Propr. Ch.* 2. *Sect.* 20. *n.* 12. Le Brun, *des Succeff. Liv.* 1. *Ch.* 5. *Sect.* 8. *n.* 19.

clut les fréres, & fœurs germains de la fucceffion des Meubles & Acquêts.

Mais je nie, qu'il y ait fur cela aucun Droit commun dans la France Coutumiére ; puifqu'en nôtre Coutume, & en quelques autres, comme en celle de Bourbonnois, *Art.* 314, en celle de Ribémont en Vermandois, *Art.* 67, &c. les fréres, & les fœurs fuccédent aux Meubles & Acquêts concurremment avec les afcendans ; & que dans d'autres ils concourent du moins pour les Acquêts, comme en celle de Xaintes, *Art.* 97. Pourquoi veut-on donc, que dans cette diverfité, l'Edit ait préféré plûtôt l'une de ces Coutumes, que l'autre, pour introduire fans néceffité un Droit nouveau dans les Pays de Droit Ecrit ?

En un mot, l'Edit portant fimplement, que les méres fuccéderont *aux Meubles & Acquêts*, & n'ajoutant point le mot de *tous*, ce n'eft point à nous de le fupléer ; & il vaut mieux s'en tenir à la régle, qui veut que

les Loix nouvelles, lorfqu'elles dé-
rogent au Droit commun, foient in-
terprétées de maniére, qu'elles s'en
éloignent le moins, qu'il eft poffible.

J'ai même apris de perfonnes bien
inftruites, que les Arrêts du Parlement
de Paris, des années 1631 & 1635,
qui fon cités par Brodeau, (*A*) en faveur de l'opinion contraire, ayant été
levez au Greffe, il avoit été vérifié,
qu'il n'y étoit point queftion de fréres
ou de fœurs germains; mais feulement
d'utérins, & de confanguins, lefquels
ne peuvent jamais concourir avec la
mére. Ainfi il n'eft pas furprenant,
qu'en ce cas les méres leur ayent été
préférées.

Mais, quelle que foit la Jurifprudence
de ce Parlement, je ne puis m'empêcher d'avoüer, que celle du Parlement
de Provence me paroît la plus équitable ; fur tout n'ayant vû encore aucun
Arrêt du nôtre, qui m'engage à en penfer autrement.

(*A*) Sur Mr. Loüet, *Lett. M. Somm.* 22. *n.* 1. 6.

CHAPITRE XVIII.

Si la mére, en vertu de l'Edit, exclut l'ayeul
paternel de l'ufufruit des biens
de fon petit fils.

L'On fçait qu'en Pays de Droit
Ecrit le fils de famille , quoique
marié , demeure , auffi bien que fes enfans , fous la puiffance de fon pére ,
lequel en conféquence a l'ufufruit des
biens des uns & des autres. (*A*)

De là l'on a demandé , fi après la
mort de ce fils , le petit-fils étant ve-
nu à mourir auffi , l'ayeul paternel
perd cet ufufruit , du moins en partie , en vertu de l'Edit de Saint-
Maur , qui adjuge à la mére , pour fa
part en la fucceffion de fon enfant ,
l'ufufruit de la moitié de fes Propres ,
us fes Meubles & Acquêts , tant
propriété , qu'en ufufruit ?

(*A*) *L. Cum oportet* 6. *Cod. De bonis, quæ liber.* Mr. le
P. Favre , *Cod. Lib.* 6. *Tit.* 36. *Def.* 14. & *Lib.* 8, *Tit.* 32.
Def. 3. &c.

Boniface, (*A*) dit que cette question s'étant préfentée au Parlement de Provence, elle y fut jugée en faveur de la mére par un Arrêt du 26 Juin 1670.

Le motif, dit-il, fut que comme deux caufes lucratives ne peuvent concourir enfemble, il en doit être de même de deux caufes de perte. Ainfi, puifque la mére eft exclufe de la fucceffion, qui lui apartenoit par le Droit Romain, elle ne doit pas perdre l'ufufruit, qui lui eft accordé par l'Edit.

Quelque refpect, que j'aie pour cette Décifion, je ne puis m'empêcher de dire, qu'elle paroît entiérement contre les régles.

En effet par la Loi derniere, §. 1. *Cod. Ad Sc. Tertyll.* il a été ordonné, que le pére conferveroit cet ufufruit, même après la mort de fon fils : *Pater ufumfructum, quem vivente filio habebat, teneat, donec vivet, incorruptum.* C'eft la même chofe pour l'ayeul, comme il paroît par la *L. 3. Cod. De*

(*A*) *Tom.* 5. *Liv.* 1. *Tit.* 21. *Ch.* 5.

bonis,

bonis , quæ liber. en ces termes : *ufu-fructu in hujufmodi cafibus avo , dum fupererit , refervando*

Ce privilége a même été regardé d'un œil fi favorable , qu'il n'a pas été reftraint aux feules chofes , dont les fils de famille avoient la propriété. Mais il a été étendu jufques à l'ufufruit , qui leur avoit été légué , ou cédé en la chofe d'autrui. Ce cas fe trouve nettement décidé en la Loi derniere , *Cod. De ufufruct.* & cette décifion ne laiffe aucun doute fur ce point.

Il eft vrai que par la Novelle 118 , ce droit d'ufufruit fut aboli , par ra-port à la portion , dans laquelle les fréres & fœurs germains du fils de famille prédécédé , lui fuccédent concur-remment avec leur pére , ou ayeul paternel. Mais il eft évident, que par cette exception même la régle générale a été confirmée pour tous les autres cas.

Auffi ce principe eft-il reçû de tous les Docteurs , & entr'autres de Mr. le Préfident Favre , (*A*) de Pinel-

(*A*) *Cod. Lib. 6. Tit. 36. Def. 14. n. 5.*

Q

lus, (*A*) & fur tout d'Antoine Go-
mez, (*B*) qui traite trés-fçavamment
cette queftion, & cite les autres Docteurs.

Je fçais bien, que fuivant Antoine
Thefaurus, (*C*) le Sénat de Turin prit
autrefois fur cela un parti affez bizarre;
en adjugeant à l'ayeul paternel l'ufufruit
des biens paternels, & celui des maternels à l'ayeul maternel. Mais Fachinée (*D*) a frondé avec raifon cette
Décifion, que Thefaurus ne défend
lui-même, que foiblement, & en
homme qui fent bien, qu'il foutient
une mauvaife caufe.

Il eft vrai que M^e. Philipe De Villers, fur l'art. 54 de nôtre Coutume,
paroît chancelant fur la même queftion; perfuadé, que M^r. de Chaffeneuz avoit tenu, que le pére perdoit
l'ufufruit par la mort du fils.

Mais il s'eft trompé en ce point.
Car M^r. de Chaffeneuz a toujours foutenu le contraire, par raport aux Pays

(*A*) *In L. 1. Cod. De bonis matern. Part. 1. n. 39.*
(*B*) *In Leg. Tauri 6. num. 11. 12.*
(*C*) *Decif. 156.*
(*D*) *Controverf. Lib. 6. Cap. 6.*

de Droit Ecrit. (*A*) Et s'il en a douté, ce n'a été que pour les Pays fujets à nôtre Coutume, à caufe de quelqu'unes de fes difpofitions. Encore paroît-il peu après (*B*) porté, à n'y faire aucune différence. Et quoiqu'en finiffant il ait femblé laiffer la chofe en fufpens, en difant à fon ordinaire, que c'eft *cafus pro amico*, ceux qui examineront fes raifonnemens, fentiront affez, qu'il panchoit pour le dernier parti, qui certainement eft le meilleur.

Quoiqu'il en foit, la chofe eft fi bien établie par les Loix, & par les Jurifconfultes pour les Pays de Droit Ecrit, qu'il n'eft pas poffible d'en douter ; & fi je m'y fuis étendu, ce n'eft qu'afin qu'on ne fe laiffe plus furprendre par les incertitudes de Me. Philipe De Villers, comme je l'ai vû arriver à quelques perfonnes.

Cela étant, quelle aparence y auroit-il, d'ôter à l'ayeul paternel un ufufruit, qui lui eft incommutablement

_____

(*A*) Chaffeneuz, fur notre Coutume, *Rubr.* 6. §. 5. *in. verb. Et féparez de leur pére. v.* 3.

(*B*) *Ibid. n.* 11. *& feq.*

acquis , pour le donner à la mére ?
Non-feulement cela feroit inhumain ,
mais contre les maximes les plus reçûës. Car la régle eft , qu'on doit prendre les fucceffions , en l'état qu'elles fe
trouvent au tems de la mort de celui,
auquel on fuccéde. Si donc il n'y avoit
en la fucceffion de l'enfant , qu'une
propriété nuë , la mére n'y fçauroit rien
prétendre davantage , tant que durera
l'ufufruit de l'ayeul. Autrement elle
auroit plus de droit , que n'en avoit
l'enfant , dont elle eft héritiére. Ce qui
feroit abfurde , & contre la maxime :
Nemo plus commodi heredi fuo relinquit,
quàm ipfe habuit , que M^r. le Préfident
Favre (*A*) allégue fort judicieufement
à ce propos.

Et la mére voudroit en vain fe prévaloir des termes de l'Edit, qui portent,
qu'elle joüira fa vie durant de l'ufufruit
de la moitié des biens Propres , aparte-
nans à fon enfant. Car cela doit s'entendre , fauf le droit d'autrui , & pourvû que cet ufufruit n'apartienne pas à
d'autres.

(*A*) *Cod. Lib. 6. Tit. 36. Def. 14.*

En effet, fi quelque étranger y avoit droit, la mére pouroit-elle l'en priver, fous prétexte de l'Edit? La même raifon veut donc, qu'elle ne puiffe en fruftrer l'ayeul, lequel a pour lui un titre, dont les avantages ne peuvent finir, qu'avec fa vie.

Autrement il faudroit dire, que l'Edit a révoqué, non-feulement le Sénatufconfulte Tertyllien, mais encore toutes les autres Loix, qui établiffent le droit de l'ayeul, & aufquelles le Légiflateur n'a pas feulement penfé.

De plus il fe trouveroit que l'Edit, quoique fait en faveur des parens paternels, tourneroit au grand préjudice d'un des principaux d'entr'eux, qui eft l'ayeul; en lui ôtant une joüiffance, qui lui apartenoit, & en joignant cette nouvelle affliction à celle, que lui a caufé la perte de fon petit-fils.

Enfin ce feroit violer les régles de Droit les plus ordinaires. Car c'en eft une, que dans le doute la caufe de celui, qui eft en poffeffion, eft toujours la meilleure, *L. In pari.* 128. *ff. de Reg. Jur.* D'où on a fans doute tiré ce Bracard, que *Turpiùs ejicitur , quàm non admittitur hofpes.*

Et c'eſt encore une autre maxime , qu'entre deux titres lucratifs, on préfére celui, qui a la plus ancienne cauſe : *Quotiens utriuſque cauſâ lucri ratio vertitur, is præferendus eſt , cujus in lucrum cauſa tempore præcedit.* L. 98. *Eod. Tit.* Or ces régles paroiſſent faites exprès pour l'ayeul, qui non-ſeulement a pour lui le plus ancien titre ; mais encore la poſſeſſion.

Le motif de la déciſion contraire du Parlement de Provence , tel qu'il a été raporté par Boniface, paroît plus ſpécieux, que ſolide. Car ſuivant le §. *Si res. 6. Inſtit. De Legat.* d'où a été tirée la régle des deux cauſes lucratives, qui ne concourent point , elle n'a lieu, que quand elles tombent ſur la même choſe: *In eandem rem.*

Si donc on faiſoit une régle contraire, pour les deux cauſes de perte, il faudroit y mettre la même reſtriction. Ainſi, puiſque l'une de ces cauſes , alléguée par la femme, & réſultante de l'Edit de Saint-Maur, tombe ſur la propriété des Propres de l'enfant, & que l'autre cause, qui résulte du Droit Romain, ne regarde que l'usufruit, il s'ensuit qu'elles ont des objets différents, & par conséquent qu'elles peuvent très-bien concourir ensemble.

CHAPITRE XIX.

Si les fréres & sœurs germains, partagent l'usufruit avec la mére.

Quelques Auteurs ont avancé, que dans le cas du concours des fréres, & des sœurs germains avec la mére, ils devoient partager avec elle l'usufruit, que lui accorde l'Edit sur la moitié des Propres paternels, aussi-bien que les Meubles, & les Acquêts.

Le Commentateur d'Henrys (*A*) rejette avec raison ce sentiment. Il auroit même pû appuyer le sien de l'Arrêt du Parlement de Paris du 29 Mars 1631, raporté par le même Henrys. (*B*)

(*A*) *Tom.* 1. *Liv.* 6. *Ch.* 2. *Quest.* 7.
(*B*) *Ibid. Quest.* 8.

Pour ce qui eſt du nôtre, je ne crois pas qu'on s'y ſoit jamais aviſé d'en former le doute.

CHAPITRE XX.

Si la mére a tous les Meubles,& Acquêts, de quelque nature qu'ils ſoient; & même quand ils compoſent toute la ſucceſſion.

QUoique l'Edit porte, que les méres ſuccéderont aux Meubles, & aux Acquêts, ſans diſtinction, on trouve d'anciens Arrêts du Parlement de Paris, qui ont fait une exception, pour les Meubles précieux des grandes Maiſons, & même pour les autres, quand la ſucceſſion ne s'eſt trouvée conſiſter, qu'en Meubles & en Acquêts. (*A*)

Les derniers Arrêts du même Parlement ont jugé au contraire, qu'il n'y avoit aucune exception à faire. Ils ſont

(*A*) V. Mr. Loüet, & ſon Commentateur, *Lett. M. Ch.* a2. & Le Brun, *des Succeſſ. Liv.* 1. *Ch.* 5. *Sect.* 8. *n.* 16.

raportés

raportez par Renuſſon, (*A*) & par le Commentateur d'Henrys, qui obſerve très-judicieuſement, que juger aútre-ment, c'eſt s'éloigner de l'eſprit de l'E-dit, qui n'a été fait, que pour conſerver les Propres paternels de l'enfant aux pa-rens de la Ligne, & qui n'a jamais fon-gé aux Meubles, leſquels, quelque pré-cieux & conſidérables, qu'ils ſoient, *ne tiennent côté, ni Ligne*, ſuivant la maxi-me Coutumiére, raportée par M^e. An-toine Loiſel. (*B*)

Pour ce qui eſt de la Juriſprudence du Parlement de Provence, qui eſt ſi fort loüée ſur cet article par le Com-mentateur d'Henrys, elle a toujours été uniforme en ce point, que la mére y ſuccéde indiſtinctement à tous les Meubles; quand même il n'y auroit que cela dans la ſucceſſion, comme l'atteſ-tent Mourgues, (*C*) & Boniface. Et c'eſt en effet la Régle, qui me paroît de-voir être ſuivie, quoique nous n'ayons

(*A*) Renuſſon, *des Propr. Ch. 2. Sect.* 20. *n. 6. 7. 8.* Le Commentateur d'Henrys, *Tom. 2. Liv. 6. Queſt. 22.*

(*B*) *Inſtit. Coutum. Liv. 2. Tit. 1. n. 11.*

(*C*) Mourgues, *ſur les Statuts de Provence, Pag. 221.* Boniface, *Tom. 2. Liv. 1. Tit. 17. Ch. 1.*

P

encore aucun Arrêt de ce Parlement
fur cette difficulté.

. Je crois même, que ce qui a fait naître au Parlement de Paris du doute là-
deffus, ce font quelques Arrêts, qui
avoient adjugé tous les Meubles à la
mére, nonobftant le concours des fréres, & des fœurs de l'enfant décédé.
Car en ce cas il paroîtroit dur en effet,
que fi la fucceffion étoit uniquement
compofée de Meubles, & d'Acquêts, la
mére feule emportât le tout. Mais cet
inconvénient ceffe, en adoptant l'ufage
du Parlement de Provence, qui me paroît le plus jufte; je veux dire, en admettant les fréres & les fœurs germains du
défunt à partager ces effets, concurremment avec la mére, ainfi qu'il a été dit
au Chapitre XVII. En remettant ainfi
les chofes fur le pied du Droit commun,
perfonne n'aura fujet de fe plaindre. Et fi
l'enfant n'a laiffé ni pére, ni frére, ni fœur,
fes autres parens ne pouront trouver à
redire, que la mére emporte à leur exclufion des biens, aufquels ils n'ont rien
à prétendre, ni par le Droit Ecrit, ni par
le Coutumier, tant qu'elle eft vivante.

CHAPITRE XXI.

Si dans la succession mobiliaire , accordée à la mére , l'on doit comprendre les Légitimes , & les Dots , qui ont été constituées en deniers , & les autres donations de même nature.

Quoique l'Edit de Saint-Maur adjuge aux méres la succession mobiliaire de leurs enfans , sans aucune limitation , on a douté , s'il ne falloit pas en excepter les Légitimes en argent , les Dots , & les donations de cette qualité , qui avoient été faites par les ascendans à leurs descendans , & qui se trouvent ensuite dans la succession de ces derniers.

Les Arrêts du Parlement de Provence ont varié sur ce point. Quelques-uns , raportez par Mourgues , (*A*) ont jugé que ces sortes de libéralitez devoient être regardées , comme des Propres , au préjudice de la mére.

Un autre au contraire , cité par Bo-

(*A*) Sur les Statuts de Provence , *Pag.* 220. 221.

niface, (*A*) a décidé, qu'une Dot, qui avoit été conſtituée en deniers à une fille, pour ſes droits paternels, devoit paſſer à ſa mére en vertu de l'Edit ; quoique cette Dot eût tenu lieu de Légitime à la fille, & compoſât tout ſon patrimoine.

La Juriſprudence du Parlement de Paris, n'eſt pas moins incertaine ſur ce point, ſuivant le témoignage de Le Brun, (*B*) & du Commentateur d'Henrys. Sur quoi ce dernier gémit avec raiſon de cette contrariété d'Arrêts, & fait des vœux, pour qu'il y ſoit enfin pourvû par quelque bon Réglement.

Ceux, qui veulent exclure la mére de cette eſpèce de biens, ſe fondent, ſur ce que toutes les libéralitez, qui ſont faites par les aſcendans à leurs deſcendans, ſont imputables à la Légitime de ces derniers. D'où ils concluent, que puiſque la Légitime tient lieu de la part

---

(*A*) *Tom.* 2. *Liv.* 1. *Tit.* 17. *Ch.* 1. *n.* 8.

(*B*) Le Brun, *des Succeſſ. Liv.* 1. *Ch.* 5. *Sect.* 8. *n.* 18. & Bretonnier ſur Henrys, *Tom.* 1. *Liv.* 4. *Ch.* 2. *Queſt.* & *Tom.* 2. *Liv.* 6. *Queſt.* 22.

héréditaire dans les immeubles paternels, ces avantages doivent être tenus
pour immobiliaires, par une espèce de
subrogation.

A quoi on peut ajouter, que la Légitime étant une quote de la succession,
suivant plusieurs Docteurs, elle est par
conséquent un titre universel. Or quelques Jurisconsultes, & Renusson entr'autres, (*A*) tiennent, qu'en cas d'u-
niversalité de biens, la subrogation
d'une chose à une autre se fait de plein
droit.

Pour dire ce que j'en pense, il me semble, que les partisans de cette opinion
ne s'y sont engagez, que pour n'avoir
pas fait assez d'attention aux termes, &
à l'esprit de l'Edit de Saint-Maur.

Avant qu'il fut reçû dans les Pays de
Droit Ecrit, la mére succédoit sans difficulté à cette espèce de biens, en vertu de la Novelle 118 ; & même aux anciens héritages, qui provenoient de la
Ligne paternelle.

L'Edit, comme il a été montré ci-
dessus Chapitre VIII. n'a point été fait,

(*A*) De la Subrogation, *Chap.* 1. *n.* 3. *& suiv.*

pour abroger la difpofition entiére de cette Novelle, à l'égard de la mére. Il n'a voulu la corriger, qu'en ce que par fa difpofition la mére fuccédoit à fes enfans, *non-feulemeut en leurs Meubles & Conquêts ; mais auffi aux Propres, provenus & procédez de la Ligne paternelle.* Ce font les propres termes du préambule, où il eft ajouté, *que cette Loi eft directement contraire, à ce qui eft obfervé aux autres Pays du Royaume, où les patrimoines ne remontent, & ne font ôtez de l'eftoc, Ligne, & fouche, d'où ils font dérivez.*

C'eft donc ce dernier point feulement, que l'Edit a voulu réformer. Et cela paroît encore par le difpofitif, où en confervant à la mére la fucceffion des Meubles & Acquêts, il eft ajouté, *qu'elles ne fuccéderont plus aux biens de leurs enfans, provenus du pére, de l'ayeul, ou autres du côté paternel.* Car c'eft la même chofe, que fi le Légiflateur avoit dit : *La Novelle donne deux avantages à la mére en la fucceffion de fes enfans ; les Meubles & Acquêts, & les Propres paternels. Je révoque cette derniére partie, & je laiffe fubfifter l'autre.*

Qu'a donc voulu faire l'Edit ? Introduire, au préjudice de la mére, la maxime Coutumiére, que *Propres ne remontent point d'une Ligne à une autre.* Or cette maxime n'a jamais été entenduë dans les Pays Coutumiers, que des Propres réels, & des anciens héritages, ou tout au plus de certains droits incorporels, qui font réputez réels. On ne l'a jamais étenduë aux Propres fictifs, & conventionnels, à moins qu'il n'y en ait eu une convention expreffe. Ce font des principes du Droit François, qui font reçûs par tous nos Auteurs. (*A*)

En effet, dans toutes nos Coutumes, fi une Dot a été conftituée en deniers par un pére à fa fille, qui vienne enfuite à mourir, il n'y a aucun parent paternel, qui ofe difputer cette Dot à la mére, à l'exception du pére, au profit duquel la conftitution dotale fait retour, par un droit particulier.

Sur le Droit des autres Provinces, on peut voir Le Brun, en fon Traité, des Succeffions. (*B*) Et pour ce qui eft de nôtre

---

(*A*) V. Renuffon, *des Propr.* Ch. 1. Sect. 3. n. 2. 3. 4.
(*B*) *Liv.* 2. *Ch.* 1. *Sect.* 1. n. 53. 54.

Coutume, il n'y a qu'à en confulter les Commentateurs, fur l'Article 43, & l'excellent Factum de Mᵉ. Jean de Souvert pour Marcelline Pivert. (*A*)

L'on laiffe donc à penfer, s'il feroit convenable, de donner à la Régle : *Propres ne remontent point*, plus d'étenduë dans les Pays de Droit Écrit, que dans les Coutumes, d'où elle eft dérivée ; & cela fous prétexte d'un Edit, qui loin de l'ordonner ainfi, a prétendu feulement faire obferver par tout le Royaume, ce qui fe pratiquoit en quelques Provinces, comme il eft énoncé au préambule.

L'Edit laiffe fi peu de doute fur ce point, qu'il parle feulement des Propres, *dérivez de l'eftoc, Ligne, & fouche paternelle.* Or par nos maximes, *les Meubles ne tiennent côté, ni Ligne*, comme il a été montré au Chapitre précédent. Ce qui a fait dire à Guyné, fur la Régle, *Paterna paternis*, (*B*) qu'à l'exception de quelques Coutumes particuliéres,

(*A*) Imprimé à la fin de nôtre Coutume, de l'Edition de 1652. *Part.* 1. *Ch.* 6. 7.
(*B*) *Pag.* 31. *& fuiv.*

cette

cette Régle n'a jamais été étenduë aux Meubles, *qui ne font affeEtez à aucune Ligne.*

Je fçais bien, qu'il y a des Propres de fubrogation. Il en a été traité fort au long par Renuffon, (*A*) & par Le Brun. Mais l'un & l'autre conviennent, que cette fubrogation eft une fiction, qui vient de la Loi, ou de la convention ; fans quoi elle ne fe fupofe jamais. Puis donc, qu'il n'y a aucune Loi, qui ait établi cette fiction à l'égard des effets mobiliers, qui ont été laiffez par les afcendans, il faut néceffairement que cette condition ait été impofée à leurs libéralitez, pour changer la nature des effets, qui y font compris.

Cela fe pratique fréquemment dans les Pays Coutumiers, par la ftipulation de Propres, en faveur des deniers de mariage, *pour chacun des conjoints, & les leurs, de leur côté & Ligne* ; ou par la claufe, qui nous eft ordinaire en Bourgogne, que *ces deniers fortiront nature d'Anciens, comme s'ils avoient fait tronc*

(*A*) Renuffon, *des Propr. Ch.* 1. Seft. 10. & Le Brun, *des Succeff. Liv.* 2. *Ch.* 1. Seft. 1. *n.* 63. *& fuiv.*

Q

& double tronc en la famille du donataire.
Car l'effet de ces claufes, eft d'affecter
les fommes données, à la Ligne feule,
d'où elles font provenuës.

Il eft vrai, que ces fortes de ftipula-
tions ne font guére d'ufage aux Pays
de Droit Ecrit. Mais quand elles y ont
été faites, il faut s'y foumettre. Il y en
a un Arrêt du Parlement de Paris, raporté par Le Brun. (*A*) Et quoique le
Commentateur d'Henrys, (*B*) femble
y trouver de la difficulté, je ne crois pas
la chofe fufceptible de doute.

⁂ ⁂ ⁂ ⁂ ⁂ ⁂ ⁂ ⁂ ⁂ ⁂ ⁂

CHAPITRE XXII.

Si le prix des Effets mobiliers du mineur,
ayant été de fon vivant employé à payer
fes dettes, fa mére peut après fa mort
en demander recompenfe aux héritiers
des Propres.

LE Commentateur d'Henrys, (*C*)
a propofé cette difficulté, qui mérite de grandes réflexions.

(*A*) *Ibid. n.* 56.
(*B*) *Tom.* 2. *Liv.* 4. *Queft.* 3. & *Liv.* 6. *Queft.* 16.
(*C*) *Tom.* 2. *Liv.* 6. *Queft.* 16.

Au premier coup d'œil la demande de la mére paroît contraire à la maxime ordinaire, que les fucceſſions doivent être conſidérées en l'état, qu'elles fe trouvent à leur échéance ; fans avoir égard aux changemens, qui font arrivez dans les biens du défunt pendant fa vie.

Mais d'habiles gens, comme Henrys, (*A*) & Le Brun, ont crû qu'il falloit faire une exception à cette régle, pour les fucceſſions des mineurs.

Leur raiſon eſt, que dans les Pays, où la diverſité des patrimoines a lieu, les tuteurs, que la fucceſſion des mineurs regarde ordinairement, peuvent avoir des motifs particuliers d'interêt, qui les engagent à adminiſtrer leurs biens d'une maniére conforme à leurs vûës. Ces Auteurs le montrent par divers exemples ; & ajoutent, que pour couper racine aux fraudes, il n'y a pas de moyen plus falutaire, que de régler la fucceſſion des mineurs fur le pied, qu'elle étoit au commencement de la

___

(*A*) Henrys, *ibid.* & Le Brun, *Des Succeſſ. Liv.* 4. *Ch.* 2. *Sect.* 2. *n.* 28.

tutelle, ainſi qu'il a été fait par quelques Arrêts du Parlement de Paris.

Ce ſentiment a été fortement com-
batu par la Thaumaſſiére, (*A*) par Me.
Claude du Pleſſis, en ſa Conſultation
15e, & en dernier lieu par le Commentateur d'Henrys, (*B*) qui a raporté un nou-
vel Arrêt, entiérement contraire aux
précédens.

Mais il ne me paroît pas difficile de
répondre à leurs objections. La plus forte eſt ſans doute tirée de la maxime,
que les ſucceſſions doivent être priſes
en l'état, qu'elles étoient au tems de la
mort de celui, auquel on ſuccéde. Mais
il n'y a guére de régle ſi générale, qui
n'ait ſon exception.

La même maxime avoit lieu chez les
Romains. Cependant, ſi quelque Citoyen avoit été fait eſclave par les enne-
mis, à moins qu'il n'obtint la liberté,
on le tenoit pour mort, dès l'inſtant de
ſon eſclavage ; enſorte que ſa ſucceſſion
étoit conſidérée en l'état, qu'elle étoit

(*A*) Déciſions, ſur la Cout. de Berry, *Liv.* 4. *Ch.*
48.

(*B*) Au lieu ci-deſſus cité.

en ce moment, & non à celui de fa mort.

Qui empêche donc, que nous n'introduifions la même fiction à l'égard des mineurs, fi nous trouvons que cela foit jufte, & propre à empêcher une infinité de fraudes, comme il eft difficile de n'en pas convenir ?

On dira fans doute, que c'eft une nouveauté, qui n'a point de fondement dans le Droit. Mais on peut répondre, que cela vient de ce que contre le Droit on a introduit la diverfité des patrimoines dans nos fucceffions. Ce changement nous oblige donc de former de nouvelles régles ; à l'exemple des anciens Jurifconfultes, qui avoient été obligez eux-mêmes, d'en faire une nouvelle, pour le cas du Soldat, qui avoit inftitué un héritier *in rebus caftrenfibus*, & un autre en fes autres biens, comme en l'efpèce de la *L.* 17. §. 1. *ff. De teftam. milit.*

C'eft ainfi pareillement, que nous avons été contraints d'introduire les Actions de remploi, & de recompenfe, pour éviter les fupercheries, qui fe pratiquent dans les communautez conju-

gales. *Quæ de novo emergunt, novo indi-*
gent auxilio.

On objecte, que cette fiction ne feroit d'aucune utilité au mineur. Cela
est vrai. Mais ce n'est pas de quoi il est
question. Il s'agit de trouver un reméde,
pour empêcher la fraude des tuteurs;
& l'on n'en voit point de meilleur, que
celui, qui a été propofé.

Le tuteur, dit-on, étant obligé d'employer les deniers, ou les meubles du
mineur, à l'acquittement de fes dettes,
il remplit fon devoir en le faifant, & fa-
tisfait à ce que la Loi lui ordonne. Ainfi
on ne peut fur ce point le foupçonner
de fraude.

Cela peut être vrai en ce cas. Mais
il y en a plufieurs autres, où la fraude
feroit aifée à pratiquer. Par exemple ,
fi le tuteur est héritier préfomptif des
Propres du mineur, il différera la vente
d'un Office, ou emploiera l'argent du
pupille au retrait lignager de quelque
héritage; au lieu d'en acquerir un autre, qui auroit peut-être mieux conve-
nu. Et s'il est héritier des Meubles & Acquêts, il fera tout le contraire. Il en-

gagera le débiteur d'une rente conftituée à en rembourfer le principal. Il
différera d'acquitter les dettes du mineur, &c.

Qu'y a-t-il donc de plus raifonnable,
pour éviter ces manœuvres, & bannir
toutes fupercheries entre les divers héritiers, que d'introduire une régle, qui
mette à l'abri de ces juftes craintes ?

Mais, ajoute-t-on, c'eft un principe
de Droit, que *folutione tollitur omnis
obligatio.* Quelle aparence y auroit-il
donc, de faire revivre les dettes du mineur, & de feindre qu'elles fubfiftent
encore, pour les faire porter par contribution, entre les héritiers des Propres, & ceux du Mobilier ?

Ce principe eft ici mal apliqué. Car
il ne s'agit pas de faire revivre ces dettes. Il eft feulement queftion de feindre, qu'elles n'ont point été acquittées;
non pour faire préjudice au débiteur,
mais pour régler les parts des héritiers. C'eft ainfi que par les Loix, quand
le créancier eft devenu l'héritier de fon
débiteur, bien que la dette fe trouve
éteinte de plein droit par la confufion,

on ne laisse pas de la supofer comme exî
tante, à l'effet de régler la Falcidie. (*A*)
Pourquoi ne feroit-il pas permis d'en
ufer de même au cas, dont il s'agit ?

On peut dire, qu'en fuivant le fentiment d'Henrys, & de Le Brun, il n'y
a inconvénient quelconque ; la régle
étant égale, pour les héritiers des Propres, comme pour les héritiers des Meubles. On ne peut nier au contraire, que
le fentiment opofé ne donne occafion
à bien des fraudes ; & l'on n'en voit
que trop d'exemples tous les jours.

Auffi le Parlement de Provence s'eft-
il déterminé fur ces principes en faveur
de la mére dans un cas, où il fe trouvoit des circonftances peu favorables
pour elle. L'efpèce en eft raportée en
cette forte par Boniface. (*B*)

Honoré Grillon, & Anne Gache n'a-
voient eu de leur mariage, qu'une fille,
nommée Catherine. Aprés la mort du
pére, les Meubles de la fille avoient été
vendus, pour acquitter fes dettes. Ca-

(A) L. *Qui fundum* 87. §. 2. ff. *Ad L. Falcid. L. 6.
Cod. Eod. Tit.*
(B) *Tom.* 2. *Liv.* 1. *Tit.* 17. *Ch.* 1.

therine

therine Grillon étant morte peu après, cette mére demanda ce qui lui apartenoit en sa succession, en vertu de l'Edit de Saint-Maur, & entr'autres les Meubles, que sa fille avoit trouvez en la succession de son pére. Isabeau de l'Estrade, ayeule paternelle, s'y opósa, sous prétexte, qu'ils n'existoient plus au tems du décès de la fille ; le prix en ayant été employé au payement des dettes de l'hoirie, & entr'autres des droits de la mére même. Néanmoins par Arrêt du 5 Mars 1624, le Parlement ne laissa pas d'adjuger à cette mére le prix des Meubles vendus ; & Boniface confirme cette décision, par une autre pareille du même Parlement du 30 Juin 1605.

Le premier de ces Arrêts est d'autant plus remarquable, que dans l'hypothèse, sur laquelle il fut rendu, on pouvoit reprocher à la mére, d'avoir souffert la vente des Meubles de sa fille, & d'en avoir même touché le prix. D'où il sembloit, qu'on pût tirer une espèce de fin de non-recevoir contre sa demande. Cependant le Parlement ne laissa pas,

R

de lui conferver fes droits fur ces Meubles , comme s'ils euffent encore exifté ; & fa décifion me paroît très-jufte.

La chofe fouffriroit encore moins de difficulté dans le cas , où la mére tutrice , à la priére des héritiers des Propres de fon fils , auroit employé fes deniers , ou le prix de fes effets mobiliers à l'acquittement de fes dettes , à la charge , que nonobftant cet emploi elle y fuccéderoit , en cas de prédécès du mineur. Car , comme il n'y a rien d'illicite en cette convention , elle doit être exécutée ; & cela fut ordonné ainfi par un Arrêt du Parlement de Paris du 29 Mars 1631 , qui eft cité , & aprouvé par la Thaumaffiére lui-même. (*A*)

CHAPITRE XXIII.

Si la mére , au cas de l'Edit , doit contribuer aux dettes héréditaires , & pour quelle part.

DE ces deux Queftions , la premiére n'a paru douteufe à quelques perfonnes, que parce que la part de la mére,

(*A*) En fes Décifions, ci-deffus citées, *Liv.* 4. *Ch.* 48.

aux termes de l'Edit de Saint-Maur, semble lui avoir été donnée pour *sa légitime portion*, en la succession de ses enfans. Or on sçait, que les Légitimaires ne contribuent point aux dettes de la succession.

Mais il y a une différence essentielle entre la Légitime de Droit, & celle de l'Edit ; en ce que la premiére est une quote certaine des biens, au lieu que la seconde n'a rien de fixe, & peut quelques fois absorber tous les biens de la succession. Aussi l'Auteur de l'Edit ne s'est-il pas servi du simple terme de *Légitime* ; mais de celui de *Légitime part & portion de l'héritage*, qui est la même chose, que s'il avoit employé celui de *droits successifs*. Et c'est pour cela, que la mére est vraiment héritiére de son fils, *in certo genere bonorum*, comme je l'ai fait voir ci-dessus, Chap. VIII. Ainsi l'on ne doit pas douter, qu'elle ne doive en cette qualité porter sa part des dettes.

Mais quelle est cette part, & à quoi la fixera-t-on ? C'est ce qui reste à examiner.

L'ufage des Parlemens de Paris, &
de Provence eft uniforme fur ce point.
Car ils font l'un & l'autre contribuer
la mére à proportion des Meubles, &
des Acquêts, dont elle hérite. (*A*)

Quoique cette Jurifprudence paroiffe
fondée fur des principes inconteftables,
je trouve que nôtre Parlement s'en eft
écarté autrefois, en jugeant le procès
de Philiberte d'Alban, mére de Philibert, & Jaques de Veyle, du Pays de
Breffe, de la fucceffion defquels il s'a-
giffoit, contre Philibert de Veyle leur
coufin paternel. Car par Arrêt, donné
au raport de M^r. Bretagne le 28 Juillet
1663, la Cour condamna la mére, qui
avoit fuccédé à fes enfans à la forme de
l'Edit de Saint-Maur, à payer toutes
leurs dettes mobiliaires.

Je ne vois pas quel peut avoir été le

(*A*) V. Mr. Le Preftre, & fon Scholiafte, *Cent.* 1. *Ch.* 6.
n. 1. 2. Mr. Loüet, *Lett. M. Ch.* 14. Henrys, & fon Com-
mentateur, *Tom.* 2. *Liv.* 6. *Queft.* 16. Mourgues, fur les
Statuts de Provence, *Pag.* 222. Boniface, *Tom.* 2. *Liv.* 1.
Tit. 17. *Ch.* 1. *n.* 9. *& Tom.* 5. *Liv.* 1. *Tit.* 21. *Ch.* 2. Ri-
catd, *des Donat. Part.* 3. *n.* 926. *& fur la Cout. de Paris,*
Art. 134. Argout, *Inftit. au Droit Franç. Liv.* 2. *Ch.* 28.
Le Brun, *Des Succeff. Liv.* 1. *Ch.* 5. *Sett.* 8. *n.* 24. 25. *&*
Liv. 4. *Ch.* 2. *Sett.* 3. *n.* 1. 16. 19. *& 37.*

motif de cet Arrêt, ſi ce n'eſt peut-
être la *L. Si certarum.* 17. §. 1. *ff. De Teſtam. milit.* où il eſt dit, que ſi un Soldat a inſtitué une perſonne *in rebus caſ-
trenſibus,* & une autre au ſurplus de ſes
biens, ce ſont comme deux eſpèces de
ſucceſſions, dont chaque héritier doit
payer les dettes particuliéres, ſans être
tenu de celles de l'autre patrimoine :
*Ut in æs alienum, quod in caſtris con-
tractum eſt, ſolus is teneatur, qui caſtren-
ſium rerum heres inſtitutus eſt ; extrà caſ-
tra contracto ære alieno is ſolus obligetur,
qui cæterarum rerum heres ſcriptus eſſet.*
Déciſion, qui a ſans doute fait venir
l'idée, de diſtinguer les patrimoines, par
raport à la contribution aux dettes,
comme l'ont obſervé quelques Auteurs. (*A*)

À quoi l'on peut ajouter l'Arrêt de
ce Parlement, du 22 Mai 1625, raporté par Guillaume & Chevanes ſur l'Article 71 de nôtre Coutume, (*B*) par
lequel un mari, donataire de tous les

(*A*) V. Ricard, *Des Donat. Part.* 3. *n.* 1511. Le Brun,
Des Succeſſ. Liv. 4. *Ch.* 2. *Sect.* 3. *n.* 1. *&c.*
(*B*) Le premier, *Pag.* 194. & le ſecond, *Pag.* 251.

Meubles de fa femme, fut condamné à payer toutes fes dettes mobiliaires.

Mais à l'égard de la Loi, *Si certarum*, elle n'eft pas aplicable. Car elle eft fondée fur un Droit, particulier aux Soldats Romains, en la perfonne defquels les Loix fupofoient deux hommes, le Citoyen, & le Soldat. De forte que leur hoirie formoit aufli deux fucceffions, l'une militaire, l'autre ordinaire; lefquelles, par un privilége fingulier, n'avoient rien de commun l'une avec l'autre. *Duæ funt hereditates, caftrenfis, & Pagana. Atque adeo duo quodammodo homines, Paganus, & Miles*, dit Mr. Cujas, fur la Loi *Si cum Militi*. 16. *ff. De compenfat.* qui eft de Papinien, où il fait voir, que c'eft là le principe de la divifion extraordinaire des dettes héréditaires en cette occafion. Ainfi il eft évident, qu'elle ne doit point tirer à conféquence dans les autres cas, qui fe trouvent réglez par les Loix, (*A*) fuivant lefquelles les dettes doivent être fuportées par les cohéritiers, *pro portionibus hereditariis*.

(*A*) *L. 2. Cod. De hered. act. cum fimilib.*

Autrement il faudroit dire aussi, que celui, qui devoit au défunt une dette mobiliaire, ne pouroit la compenser avec une dette immobiliaire, qui lui seroit dûë par le testateur. Car sur le même principe, la Loi *Si cum militi*, qu'on vient de citer, l'avoit réglé de la sorte à l'égard du débiteur *castrensium bonorum*, qui se trouvoit créancier de l'autre patrimoine. Ce qui ne pouroit sans absurdité être proposé parmi nous, & fait voir, que toutes ces Loix ne sont plus d'usage, comme l'a remarqué Du Pineau, sur l'Art. 268 de la Coutume d'Anjou.

Pour ce qui est de l'Arrêt de 1625, tout ce que j'en puis dire, c'est qu'il est contraire à tous les principes. Et cela est si vrai, qu'encore que Ricard (*A*) ait fait tous ses efforts, pour deffendre la disposition de la Coutume de Paris, qui veut que les donataires, ou légataires des Meubles & Acquêts, contribuënt aux dettes avec l'héritier, il ne laisse pas de convenir, que cela est contraire au Droit Romain, qui nous sert de Loi

(*A*) Des Donations, *Part. 3. n. 1509. & suiv.*

dans les choſes, qui ne ſont pas réglées par nôtre Coutume.

Et quand on voudroit regarder le donataire en ce cas, comme un cohéritier, toujours ne pouroit-il ſuporter les dettes, qu'à proportion de l'émolument, aux termes de nôtre Loi Municipale, qui veut en l'Article 70, que *les dettes ſoient payées ſur toute la maſſe héréditaire.* Ce qui n'arriveroit pas, ſi l'héritier des Meubles portoit toutes les dettes mobiliaires. Car quelques fois il les payeroit toutes, & d'autres fois il n'en payeroit aucunes.

Auſſi, en même tems que Ricard eſt d'avis, d'étendre la déciſion de la Coutume de Paris ſur ce point à celles, qui n'ont rien de contraire, ce n'eſt qu'à la charge, que la contribution aux dettes ſe fera ſuivant cette proportion; laquelle eſt la plus juſte, qu'on puiſſe imaginer, entre les héritiers de différents patrimoines, ſuivant preſque tous les Auteurs, qui en ont écrit en dernier lieu. (*A*)

(*A*) V. Mr. Loüet, & ſon Commentateur, *Lett. P. Ch.* 13. Voët, *De naturâ Mobil. & Immobil. Cap.* 20. *n.* 11. Le Brun, *Des Succeſſ. Liv.* 1. *Ch.* 5. *Sect.* 8. *n.* 24. 25.

Et

Et de là vient, qu'à l'exception d'un petit nombre de Coutumes, raportées par Le Brun, (*A*) cette maniére de partager les dettes entre ces fortes d'héritiers, est regardée comme le Droit commun de ce Royaume; ensorte que ceux, qui en ont compilé les maximes, en ont fait une régle générale, ainsi qu'on peut voir dans Loisel, (*B*) dans L'Hommeau, & ailleurs.

C'est aussi nôtre usage présent, comme Taisand l'attefte sur nôtre Coutume; (*C*) & ce l'étoit déja autrefois. Bouvot (*D*) en raporte un Arrêt en forme, du 18 Mars 1581.

J'en ai vû un autre, du 2 Juillet 1688, au raport de M^r. Bouchu, qui a été depuis Premier Préfident, & qui fut donné au profit de M^e. Balthafar Péquillet, Notaire Royal à la Chaux, Apellant de Sentence renduë au Bailliage de Châlon, qui l'avoit condamné, comme héritier mobiliaire de Jean Péquillet son

---

(*A*) *Ibid. Liv.* 4. *Ch.* 2. *Sect.* 3. *n.* 10. *& fuiv.*
(*B*) Loisel, *Inftit. Cout. Liv.* 2. *Tit.* 5. *n.* 13. L'Hommeau, *Maxim. du Droit Franç. Liv.* 3. *Art.* 23.
(*C*) *Tit.* 7. *Art.* 12. *Not.* 1.
(*D*) Bouvot, *en fes Arrêts, Tom.* 1. *Part.* 3. *Pag.* 251.

S

fils, à payer la moitié des dettes mobiliaires d'Antoinette du Verneau, ayeule
maternelle de ce fils, lequel étoit héritier pour moitié de ladite Antoinette. Par l'Arrêt, il fut seulement condamné à payer les dettes de la défunte,
à proportion de ce qu'il avoit profité
en sa succession, concurremment avec
Jeanne Belot, femme de Bernard des
Bois, fille & héritiére d'Antoinette du
Verneau.

Il y a encore eu depuis un Arrêt pareil, au raport de Mʳ. de Théſut-Ragy,
Doyen de la Cour, le 5 Janvier 1691,
au profit de Jeanne Verdereau, veuve
& donataire de Laurent Marilier de
Beaune, lequel étoit héritier des Meubles & Acquêts de Lazare Marilier ſon
fils, contre Charles Bataud, & conſorts,
ſes héritiers quant aux Propres maternels. Je tiens l'Arrêt de Mʳ. le Conſeiller
Jehannin, l'un des Juges. Ainſi je ne
crois pas, que la choſe puiſſe déſormais
faire difficulté.

Tel eſt donc le pied, ſur lequel la
mére, héritiére des Meubles & Acquêts de ſon fils, doit contribuer à ſes

dettes. Pour ce qui eft de la maniére, dont elle y contribuë, en qualité d'ufufruitiére de la moitié des Propres paternels, cela eft tout réglé par la Loi derniére, §. *Sin autem.* 4. *Cod. De bonis, quæ liber.* Car fi ces Propres font vendus pour l'acquittement des dettes, fon ufufruit eft diminué d'autant. Sinon, elle porte fa part des interêts de ces mêmes dettes, à proportion de fa part héréditaire, fuivant Argentré, (*A*) & tous les autres. Cela ne peut donc former aucun fujet de conteftation.

(*A*) *In Confuet. Brit. Art.* 219. *Gl.* 8. *n.* 15. 16.

F I N.

DISSERTATION

SUR

LES DROITS DE LA MERE

en la Succeſſion de ſes enfans,
au cas de la Subſtitution pupillaire.

ARTICLE PREMIER.

*Que la Subſtitution pupillaire eſt regardée,
comme le teſtament du Pupille.*

Es diverſes queſtions, qui doivent faire la matiére de cette
Diſſertation , ſemblent pouvoir être décidées par des principes fort ſimples.

Mais la ſubtilité du Droit Ecrit, la
contrariété des Interprétes , les erreurs
de quelques-uns des principaux, & la

diverſité même des Jugemens, ont rendu ces queſtions ſi difficiles, que pour
les examiner avec métode, il m'a paru
indiſpenſable, d'entrer dans quelques
diſcuſſions préliminaires; dont la premiére eſt d'établir la nature de cette
eſpèce de diſpoſition.

On ne ſçauroit la mieux connoître,
que par ſa définition, telle que nous l'a
donnée Mr. Cujas, (*A*) & qu'il a tirée des Loix : *Subſtitutio pupillaris, eſt
teſtamentum filii, quod pater, ei fecit.*
Comme les pupilles n'ont pas le droit
de faire leur teſtament par eux-mêmes,
on a permis aux péres, de le faire pour
eux. *Moribus inſtitutum eſt, ut quùm
ejus ætatis filii ſint, in quâ ipſi ſibi teſtamentum facere non poſſunt, parentes eis
faciant,* dit Juſtinien. (*B*) Ainſi, quoique ce ſoit véritablement la diſpoſition
du pére, on ſupoſe, par une fiction de
Droit, que c'eſt celle du fils, & on
lui en donne en conſéquence tous les
effets.

De là vient, qu'encore que perſonne

(*A*) *In L. Papinianus. 8. §. 5. ff. De Inoff. teſt.*
(*B*) *Inſtit. De Pupill. ſubſt. in princ.*

ne puiſſe diſpoſer, que de ſes biens, néanmoins, par la ſubſtitution pupillaire le pére diſpoſe des biens propres de ſon fils, & même de ceux, que ce fils poura acquérir après la mort de ſon pére. *(A)*

Et de là vient encore, que l'héritier ſubſtitué eſt tenu pour l'héritier du pupille, & qu'il eſt réputé prendre la ſucceſſion de ſes mains, & non de celles du pére. *Si extiterit heres filius, & ante pubertatem deceſſerit, ipſi filio fit heres inſtitutus.* (B)

Je ſçais bien que les Interprétes (C) tiennent communément, que la ſubſtitution pupillaire, eſt proprement le teſtament du pére, & qu'il n'eſt celui du pupille, qu'improprement, & par fiction. Suivant lequel principe le Pape Boniface VIII. a dit autrefois en une de ſes Décrétales, (D) que *teſtamentum pupillare, paternum eſt.*

Mais, quand ils ont parlé de la ſorte,

(A). §. 4. *Inſtit. Eod. Tit. cum aliis Leg. ſimil.*
(B) *Inſtitut. Eod. Tit. in princ.*
(C) Citez par Fuſarius, *De Subſtit. Quæſt.* 88.
(D) *Cap.* 1. *De Teſtam. in* 6°.

ce n'a été , que par raport à la personne, qui a dicté la substitution. Car en ce sens on ne peut douter , que la disposition ne soit celle du pére. Ainsi , dans toutes les choses , où il est nécessaire d'examiner la qualité de cette personne , & ce qui en peut résulter , pour la validité de l'acte ; comme si le testateur étoit en son bon sens , ou non , &c. il est certain que c'est le pére , & non le fils , qui doit être considéré , comme au cas de la Loi *Papinianus. §. 5. ff. De Inoff. testam.* qui sera examinée en l'Article VI.

Mais autre chose est de la substance, & des effets de l'acte. Car comme il est fait , pour régler la succession du fils , par raport à l'universalité de ses biens , on ne peut douter , qu'en ce sens il ne soit proprement son testament ; comme le dit Papinien en la même Loi: *quia filii testamentum est. (A)*

Ce principe est si certain , que je me serois bien gardé de m'arrêter à le prouver , si je n'avois vû deux de nos plus

_____

(*A*) V. aussi Menoch. *De Præsumpt. Lib. 4. Cap. 38. n. 7.*

habiles

habiles Auteurs (*A*) s'en écarter, & tirer de leur méprife des conféquences
erronées, pour la décifion de la plus im-
portante des queſtions, que nous agi-
terons dans la fuite. Car ils foutiennent,
que le fubſtitué pupillairement prend
les biens, tant du pére, que du fils,
indiſtinctement, de la main du pére, &
que c'eſt à lui, & non au fils, qu'il
fuccéde véritablement.

Ce feroit perdre du tems inutilement,
que de réfuter férieufement cette pro-
pofition. L'erreur en eſt affez prouvée
par les Loix mêmes, que je viens de raporter, & par le fentiment contraire de
tous les Docteurs. (*B*) L'on verra dans
la fuite, le fruit, que je prétens tirer de
ce premier principe. Mais il faut auparavant en établir un fecond.

(*A*) Henrys, *Tom.* 2. *Liv.* 5. *Queſt.* 7. Ricard, *Des Subſtit.*
Part. 1. *Ch.* 2. *n.* 60. *& fuiv.*
(*B*) Fufarius, *De Subſtit. Quæſt.* 88. *n.* 5.

ARTICLE II.

Que la Subſtitution pupillaire n'eſt pas fa-
vorable parmi nous ; ſur tout, quand elle
eſt contraire aux droits de la mére.

DE toutes les choſes extraordinai-
res, qu'a introduites le Droit Romain, il n'y en a peut-être point de
plus hardie, ni de plus contraire à l'é-
quité naturelle, que la ſubſtitution pupillaire.

En effet, quoique par les **Loix** il ſoit
défendu au pére, d'impoſer aucune charge à la Légitime, qu'il doit à ſes enfans,
on lui permet néanmoins de diſpoſer par
cette voie de Subſtitution, non-ſeulement de la Légitime, mais même des
biens propres de ſes enfans impubéres.

Or on ne ſçauroit nier, que cette
prérogative dés péres ne paſſe les bornes
de la raiſon, & de la juſtice. Car il ne
doit être permis à qui que ce ſoit, de
faire des libéralitez du bien d'autrui,
& de priver les héritiers du ſang d'une

choſe, dont on n'a pas la propriété, contre l'intention préſumée du véritable
propriétaire. Car dans le doute on doit
ſupoſer, qu'il en auroit diſpoſé au gré
de la Loi, & ſuivant les mouvemens
ordinaires de la Nature, qui nous portent
à laiſſer nos biens à nos parens les plus
proches.

Je ſçais bien, que la plûpart des Interprétes, (*A*) ont prétendu malgré cela, que la ſubſtitution pupillaire étoit
favorable, & même introduite pour
l'utilité du mineur. Mais je ne trouve
pas, qu'ils le prouvent ſuffiſamment par
aucun Texte. Car la Loi *Julianus.* 42.
in princ. ff. De adquir. hered. ſur laquelle
ils ſe fondent principalement, dit ſeulement, qu'il eſt de l'interêt de l'enfant,
d'avoir un héritier. Or il n'en a pas moins
un de la façon de la Loi, que quand il
plaît à ſon pére de teſter pour lui, & de
lui donner un ſucceſſeur, qui peut-être
n'auroit pas été de ſon goût. Ainſi du
Moulin a eu raiſon de dire, (*B*) que
cette prétenduë faveur de la ſubſtitu-

(*A*) V. Fuſarius, *De Subſtit. Quaſt.* 89. & 101.
(*B*) *Not. in Alexandr. Conſil.* 17. *Lib.* 3. *n.* 12.

tion pupillaire étoit une idée des Docteurs, & non un principe des Loix:
non legalis, sed magiftralis.

Il faut en effet convenir de bonne
foi, que ceux qui ont imaginé cette efpèce de fubftitution, ont moins fongé
à l'avantage des pupilles, qu'à celui des
péres, & que leur vûë principale a été,
de fe prêter aux défirs ambitieux des
hommes, qui voudroient en quelque
maniére perpétuer la joüiffance de leurs
biens, au de-là même du tombeau.

Si l'interêt des pupilles avoit été le
véritable objet des Jurifconfultes, il
leur eut été aifé, de donner aux méres
fur ce point le même privilége, qu'aux
péres. Mais leur prédilection pour ces
derniers, c'eft-à-dire pour eux-mêmes,
s'eft trop marquée, lorfqu'ils ont atta-
ché le droit de fubftituer pupillairement
à la feule puiffance paternelle.

Cette puiffance, que les Romains
avoient portée à l'excès, n'a pas trouvé la même faveur chez les autres Nations. La nôtre fur tout a fort retran-
ché de fes droits. Non qu'il foit vrai,
comme Bodin l'a trop légérement avan-

cé, (A) qu'il n'en reſte plus parmi nous, *qu'une ombre imaginaire.* Mais il faut néanmoins avoüer, que dans cette partie de la France, qui ſe régit par le Droit Coutumier, cette puiſſance n'eſt proprement, que *révérentielle*, pour me ſervir des termes de Mᵉ. Charles du Moulin, qui s'en explique ainſi : (B) *Galli habent filios in poteſtate, non rigidâ illâ, & quæſtuariâ, peculiari Romanis; ſed ſuâ, videlicet auctorativâ, & reverentiali.*

Auſſi la ſubſtitution pupillaire n'y a-t-elle été jamais en uſage, ſuivant tous nos Auteurs ; entr'autres Mᵉ. Jean Marie Ricard, en ſon Traité, *des Subſtitutions.* (C)

Et par la même raiſon elle n'eſt point reçûë dans toute l'étenduë des Pays-bas, ſoit François, Eſpagnols, ou Hollandois, ſuivant le témoignage de leurs Juriſconſultes. (D) L'un d'eux ſur tout, (E)

(A) En ſa République, *Liv.* 1. *Ch.* 4.
(B) *Not. in Ph. Decium, ad L. Qui ſe patris.* 3. *Cod. Unde Liberi. n.* 4.
(C) *Part.* 1. *Ch.* 2. *n.* 90.
(D) Gudelin, *De Jure Noviſſ. Lib.* 2. *Cap.* 5. Vinnius, *in Tit. Inſtit. De Pupill. Subſt. in fin.* &c.
(E) Cypr. Regnerus, *Cenſur. Belgic. in L.* 2. *ff. De Vulg. & Pupill. Subſt.*

qui étoit un fort habile homme, en fé-
licite fa Patrie en ces termes, qui font
très-remarquables : *Moribus Populi Ro-*
mani jus pupillaris fubftitutionis inductum
eft. Sed quia ifti mores reverà bonis mo-
ribus repugnant, ideò moribus Belgii fubf-
titutio pupillaris abrogata eft. Abfurdum
namque eft, & contra jus naturale, ut
aliquis difponat de bonis alterius.

Il eft vrai, que dans les Pays du
Royaume, où le Droit Romain a encore force de Loi, du moins pour la
plus grande partie, comme en Languedoc, en Guienne, en Provence, en
Dauphiné, & même en nôtre Province,
la puiffance paternelle y a retenu un peu
plus de fes avantages. Mais il s'en faut
beaucoup néanmoins, qu'elle y ait autant d'étenduë, que chez les Romains,
comme on peut le voir dans Guy Pape,
(*A*) & ailleurs.

Puis donc que la fubftitution pupillaire eft un des droits les moins rai-
fonnables de cette puiffance, il femble
qu'elle auroit dû être abolie dans tous
ces Pays. Et c'étoit bien l'avis d'un ha-

(*A*) Quæft. 54.

bile Avocat de Lyon, (*A*) qui a fait
un Commentaire ſur l'Edit de Saint-
Maur. On voit bien auſſi, parce qu'en
a dit M⁰. Jean Domat, (*B*) que c'é-
toit ſon ſentiment. Mais l'ancienne
vénération des Peuples de ces Provinces pour le Droit Écrit, la force de la
Coutume, & l'interêt des péres, l'ont
emporté ſur les raiſons opoſées. Ainſi il
n'eſt pas douteux, que les ſubſtitutions
pupillaires ne ſoient reçûës par tout,
où les Loix Romaines ont conſervé leur
autorité.

Mais cela n'empêche pas, que des réflexions, qui viennent d'être faites, nous
n'ayons droit de tirer cette conſéquence,
qu'il eſt du devoir des Juges, de reſtraindre, autant qu'il leur eſt poſſible, cette eſ-
péce de diſpoſition, comme contraire au
Droit commun, & à l'interêt des héritiers du ſang.

C'eſt ce qu'a reconnu l'illuſtre M⁰.
le Préſident Favre, en l'un de ſes meilleurs ouvrages : (*C*) *Spes legitimæ ſucceſ-*

(*A*). Me. Nicolas Mellier, *en ſon Comment. ſur led. Edit.*
(B) Loix Civiles, *Tom.* 3. *Tit.* 2. *Sect.* 1. *n.* 4.
(C) *Juriſpr. Papinian. Tit.* 11. *Princ.* 1. *Illat.* 11.

sionis , est ex Jure communi. Jus verò suc-
cedendi ex pupillari substitutione , speciale
est , & exorbitans , ut loquuntur , à regu-
lis Juris communis. Facilis autem est redi-
tus Juris specialis ad Jus commune , sicut
& uniuscujusque rei ad suam naturam.

Avant lui M^e. Charles du Moulin
(*A*) en avoit parlé en termes encore plus
forts, par raport au cas, où la mére se
trouve prétérite par la substitution pupillaire, *Substitutionem pupillarem*, dit-il,
favorabilem esse probabile est , si pater tes-
tatur secundùm verisimilem mentem filii ,
si is testari posset , & sic honorando ma-
trem. Secùs, si pater, non verisimilibus filii ,
sed propriis indulgeat affectibus ; quia tunc
proprium tantùm , non filii negotium agit ,
nec dicitur favorabilis , sed odiosa substi-
tutio.

Que si l'on joint à cela, ce qu'en a
dit en dernier lieu l'Auteur *des Loix Ci-*
viles , en plusieurs endroits de son Ouvrage , (*B*) il sera difficile de n'être

---

(*A*) *Not. in Alexandr. Lib. 7. Consil. 51. n. 9.*
(*B*) *Tom. 3. Liv. 5. Tit. 2. au commencement. Et ibid. Sect.*
1. n. 4. & au Traité des Loix , qui est au devant de cet Ou-
vrage , Ch. 11. n. 24.

pas prévenu contre les effets de cette eſpèce de diſpoſition, & de ne pas conclure avec lui, qu'elle n'eſt guére com-
patible avec la douceur de nos mœurs,
& avec la Juriſprudence commune de
ce Royaume.

ARTICLE III.

Que ſuivant les principes ordinaires, la
ſubſtitution pupillaire, où il n'eſt pas fait
mention de la mére du pupille, devroit
être annullée.

CEtte propoſition n'eſt pas difficile à établir. Car les Juriſconſultes ſont convenus, qu'encore que la
ſucceſſion des aſcendans ſoit contre l'ordre de la Nature, elle n'eſt pas moins
dûë, ni moins favorable, que celle des
deſcendans : *Etſi parentibus non debetur*
filiorum hereditas, propter votum paren-
tium ; turbato tamen ordine mortalitatis,
non minùs parentibus, quàm liberis, piè
relinqui debet. (A)

(A) *L.* 15. *ff. De Inoff. teſt.*

V

Ainſi, ſuivant la diſpoſition des Loix, quand les péres & méres ſont prétérits par le teſtament de leurs enfans, ils ont le choix, ou de le faire caſſer par la Plainte d'inofficioſité , (*A*) ou de le faire annuller, quant à l'inſtitution d'héritier ſeulement, à la forme de la Novelle 115. (*B*)

Puis donc que la Subſtitution pupillaire n'eſt autre choſe, que le teſtament du fils, ainſi que je l'ai montré en l'Article I, c'eſt une conſéquence néceſſaire, que la mére y doit trouver des marques du ſouvenir de ce fils, ſous les peines portées par les Loix.

L'on opoſe en vain, qu'encore que ce ſoit le teſtament du fils, c'eſt néanmoins l'ouvrage du·pére.

Car 1°. C'eſt une régle de Droit, (*C*) qu'on ne peut pas faire par autrui, ce qu'on n'a pas droit de faire ſoi-même. Ainſi , puiſqu'il n'eſt pas permis au fils de priver ſa mére de la Légitime, lorſ-

---

(*A*) *Ead, Leg. & Authent. Preſbyteros. Cod. De Epiſc. & Cler.*

(*B*) *Novell.* 115. *Cap.* 4.

(*C*) *L.* 1. §. 1. *ff. De Adminiſtr. Rer. ad Civit. pertinent. cum ſimilib.*

qu'il eſt en âge de diſpoſer, il n'a pas plus de droit de le faire par le miniſtére de ſon pére. Raiſon ſi preſſante, qu'elle a enfin déterminé du Moulin (*A*) en faveur de la mére ; quoiqu'il lui eût d'abord paru opoſé.

2°. Par un autre principe conſtant, (*B*) perſonne ne peut être privé ſans ſon propre fait du droit, qu'il peut avoir à une ſucceſſion. Il n'eſt donc pas juſte, que la mére ſoit excluſe de la part, qui lui apartient à ſi juſte titre en la ſucceſſion de ſes enfans, ſans autre raiſon, que l'oubli, ou peut-être la mauvaiſe volonté de ſon mari.

3°. C'eſt une vérité, reconnuë de tous les Interprétes, (*C*) qu'on ne peut être exclus de la Légitime, qu'il n'y ait une Loi, qui excluë de la ſucceſſion. Encore eſt-ce une grande queſtion, ſi une Loi pareille peut être étenduë à la Légitime ; & l'on juge pour la négative à Touloufe, où il y a un ſembla-

(*A*) *Not. in Decii Conſil.* 572. *n.* 1.
(*B*) *L' Paterfamilias.* 44. *ff. De hered. Inſtit.*
(*C*) V. *Merlin. De Legitimâ, Lib.* 3. *Tit.* 1. *Quaſt.*

ble Statut. (*A*) Or ni dans les Loix Romaines, ni dans les Ordonnances de nos Rois, il n'y en a aucune, qui ôte aux méres toute part en la succession de leurs enfans. Elles ne peuvent donc être privées de leur Légitime par leurs enfans, ni par le pére, s'il dispose pour eux.

4°. Quand les Loix ont donné au pére le privilége de faire un testament pour son fils, il nest pas à présumer, qu'elles leur ayent donné le Droit de le faire tel, que le feroit le plus cruel ennemi de la mére, comme le remarque judicieusement Domat. (*B*) Ces Loix n'ont voulu sans doute, que suppléer à l'incapacité du pupille. Mais qu'elles ayent autorisé les péres à donner à leurs enfans cet exemple d'ingratitude pour leurs méres, c'est ce qui n'est aucunement croyable.

Il est donc vrai, que le droit des méres est apuié sur les grandes régles de la justice & de l'équité ; & quoique le

(*A*) V. Maynard, *Liv.* 2. *Ch.* 84. d'Olive, *Liv.* 3. *Ch.* 7. Catelan, *Liv.* 2. *Ch.* 65.
(*B*) Loix Civiles, *Liv.* 5. *Tit.* 2.

plus grand nombre des Interprétes (*A*)
ſe ſoit déclaré contre elles, au cas de la
ſubſtitution pupillaire expreſſe, ils s'y
ſont déterminez ſur des raiſons ſi foi-
bles, qu'il paroît preſque incroyable,
qu'elles ayent pû toucher tant de
grands hommes. C'eſt ce que je vais tâcher de montrer dans les Chapitres ſui-
vans, le plus exactement qu'il me ſera
poſſible.

ARTICLE IV.

*Loix opoſées aux méres, au cas de la
pupillaire expreſſe.*

IL ne faut pas s'attendre, à voir les Interprétes combattre par la raiſon les
moyens, qui viennent d'être employez
en faveur des méres. Ils ſe contentent
d'apuier leur ſentiment ſur une prétenduë déciſion de Papinien, dont il ſera

(*A*) Outre les Auteurs citez par Fuſarius, *De Subſtit.
Quaſt.* 156. V. Mr. Cujas, *in L. ult. Cod. De Inſtit. & Subſtit.
& in L. Precibus* 8. *Cod. De Impuber. & al. Subſtit.* Donellus, *in dict. L. Precibus.* Mr. Favre, *Rational. in L. Papinianus.* 8. §. 5. *ff. Inoff. Teſt. & paſſim.* Ricard, *Des Subſtit.
Part.* 1. *Ch. 2. n.* 60. *& ſuiv.* &c.

parlé dans la fuite ; reconnoiſſant néanmoins , qu'elle ne leur paroît pas juſte.

Je pourois citer pluſieurs témoignages de cette nature. Mais pour ne point
trop charger cette diſſertation , je me
contenterai de raporter, ce qu'en ont dit
deux grands Juriſconſultes , l'un ancien , l'autre plus moderne ; qui ſont
Philipe Decius , & Mr. le Préſident Favre.

Rigoroſum videtur, dit le premier ,
(*A*) *quòd mater excludatur à Legitimâ
per ſubſtitutionem pupillarem. Et certè
difficile videtur, adſignare bonam rationem. Sed, poſtea quàm ita expreſſè decidi-
tur à Lege , non eſt diſputandum.*

Quamvis hæc ſententia, dit le ſecond,
(*B*) *propter favorem matri debitum , ali-
quid , multumque iniquitatis habere videatur , tamen Juris ſubtilitas , & caſus
neceſſitas facit , ut ab eâ Papiniani Sententiâ recedi nullo modo poſſit.*

Un aveu auſſi ingénu , de la part de

(*A*) Decius, *in L. Precibus. 8. Cod. De Impub. & al.
Subſtit. n. 9.*
(*B*) Ant. Faber , *Rational. in L. Papinianus. 8. §. 5. ff.
De Inoff. teſtam.*

ces ſçavans hommes, n'eſt guére propre à prévenir les Lecteurs en faveur
de leur ſentiment, ſur tout en ce Royaume. Car quoique dans quelques Provinces nous faſſions profeſſion de nous
conformer au Droit Romain, nous ne
nous y croyons pas tellement aſtraints,
que nous ſoyons obligez de ſuivre ce
qu'il a d'injuſte. Il me ſeroit aiſé de le
juſtifier par beaucoup d'exemples ; &
nous ſommes même autoriſez en cela
par la Déclaration du Roi Henry IV.
du mois de Mai 1609, ſur la ſubroga-
tion aux hypothéques, où il déclare
formellement, qu'il n'aprouve la diſpoſition de ce Droit, *qu'en ce qu'elle eſt
conforme à la raiſon, & à l'équité.* Ainſi
l'on peut croire, qu'il ſe fût bien gardé
de confirmer une Loi auſſi peu équitable, que celle, qui tend à priver les méres
de la ſucceſſion de leurs enfans.

Mais qu'elle eſt donc cette Loi terri-
ble, qu'on leur opoſe ? En voici les termes : (*A*) *Sed nec impuberis filii mater inof-
ficioſum teſtamentum dicit; quia pater ei hoc
fecit.* D'où l'on tire cette conſéquence,

_____
(*A*) dict. *L. Papinianus.* §. 5. *ff. De Inoff. teſt.*

que la mére n'ayant point d'autre action, pour impugner la fubftitution pupillaire, que la Plainte d'inofficiofité,
& en étant exclufe par cette décifion, il
ne lui refte plus de reffource, pour obtenir fa portion héréditaire.

Telle eft la feule autorité, que le Droit
Romain fourniffe contre les méres. Mais
il faut néanmoins, qu'elle ne fut pas fi
claire, qu'on fe l'imagine communément ; puifqu'avant la compilation du
Sexte, l'opinion la plus reçûë étoit,
que la mére n'étoit pas exclufe, même
par la pupillaire expreffe. Bartole (*A*)
nous aprend les noms de ceux, qui te-
noient ce fentiment ; & quoiqu'il ait
mis Dynus au nombre des partifans de
l'opinion contraire, il eft certain qu'il
s'eft trompé fur ce fait. Car un ancien
Docteur (*B*) nous a confervé une lon-
gue, & fçavante differtation de ce même Dynus, où le droit des méres eft
foutenu par des raifons, aufquelles il paroît difficile de répliquer.

<hr/>

(*A*) *In L. 2. ff. De Vulg. & pupill. Subftit. n. 31.*
(*B*) *Albericus, in L. Precibus. 8. Cod. de Impub. & al.*
Subftit.

Cependant

Cependant le Pape Boniface VIII. ayant été peu de tems après conſulté ſur cette queſtion, jugea à propos de la décider contre les méres. Sa Décrétale, qui ſe trouve inſérée dans le Sexte, (*A*) fut faite ſur cette hypothèſe.

Un pére, ayant deux enfans impubéres, les avoit inſtituez ſes héritiers, avec clauſe de ſubſtitution de l'un à l'autre, & avoit ajouté, qu'en cas que le ſurvivant d'eux vint à mourir ſans enfans, il inſtituoit les Pauvres. Ce cas étant arrivé, les Pauvres demandérent l'ouverture de la ſubſtitution à leur profit. La mére s'y opoſa, prétendant qu'elle devoit du moins prélever ſur la ſucceſſion ſa Légitime, avec la Quarte Trébellianique. Néanmoins, ſans s'arrêter à ſa prétention, la ſucceſſion entiére fut adjugée aux Pauvres par la Décrétale, ſans aucune détraction.

Cette déciſion étant renduë au cas de la ſubſtitution compendieuſe, préjugeoit à plus forte raiſon la même choſe au cas de la pupillaire expreſſe; & le reſpect des Ultramontains pour les De-

(*A*) *Cap. Si pater.* 1. *De Teſtam. in* 6°.

X

crets des Papes , entraîna bientôt dans
ce sentiment les Ecoles d'Italie , qui
étoient alors les plus célébres de l'Eu-
rope.

Il est pourtant fort remarquable , que
malgré la Décrétale , il se trouva en Italie même des grands Jurisconsultes ,
(*A*) qui ne craignirent pas de s'élever
contre cette décision , & de soutenir
hautement , qu'elle ne mettoit pas en
sûreté de conscience ceux , qui refu-
soient en ce cas la Légitime aux méres.

Mais le nombre de ces Docteurs di-
minua peu à peu. Ceux , qui n'avoient
pû se rendre à la décision ambiguë de
Papinien , ne crûrent pas pouvoir ré-
sister à la clarté de celle du Pape Boniface ; & j'ose dire , que sa Décrétale est
la source de l'uniformité presque entiére , qu'on trouve sur ce point parmi
les Jurisconsultes , qui ont écrit depuis.

C'est ce qu'avouë du Moulin , qui a
suivi lui-même pendant long-tems le

(*A*) Archidiacon. *in dict. Cap. Si pater.* Decius , *Consil.*
210. *in fin. & in L. Precibus. Cod. De Impub. & al. Substit.*
n. 10. *ubi Vid.* Molin. Alciat , *in L. Quinque pedum. Cod.*
Finium Regand. n. 46. & autres citez par Fusarius , *De*
Substit. Quast. 156. *n.* 19.

torrent des Interprétes. *Nec habent,* dit-il, *(A) aliud fundamentum, quàm dict. Caput, Si pater.* Et il eſt aiſé de ſe convaincre de cette vérité, ſi l'on veut ſe donner la peine de parcourir les livres des anciens Docteurs.

Mr. Cujas lui-même *(B)* paroît s'être déterminé contre les méres, par cette ſeule autorité ; & c'eſt auſſi le fondement de la Juriſprudence du Parlement de Touloule, ſuivant le témoignage de Mr. Maynard. *(C)*

Ainſi la réſolution de nôtre queſtion dépend, 1°. Du cas, que nous devons faire de la Conſtitution du Pape Boniface. 2°. De l'examen de la déciſion de Papinien. Ce ſera le ſujet des deux Articles ſuivants.

(A) Not. in Decii Conſil. 110.
(B) In L. ult. Cod. De Inſtit. & Subſtit.
(C) Liv. 5. Chap. 25.

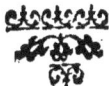

ARTICLE V.

*Qu'on ne doit point avoir d'égard parmi
nous à la Décrétale du Pape Boniface.*

LA décision de ce Pape est si form... .
le contre les méres, qu'il n'est pas
surprenant, qu'elle ait emporté les suf-
frages de presque tous les Jurisconsultes
dans les Pays, où les Decrets du Saint
Siége n'ont pas moins d'autorité pour
le temporel, que pour le spirituel.

Mais je ne puis assez m'étonner, qu'elle ait trouvé le même crédit dans une
partie de ce Royaume. Car on sçait
qu'en matiére temporelle les Constitu-
tions Canoniques n'ont aucune force de
Loi parmi nous; & celles du Pape Boniface moins qu'aucune autre.

Personne n'ignore en effet, qu'il étoit
ennemi juré de la France, & que par
conséquent tout ce qui est émané de lui,
même pour le spirituel, y a toujours
été regardé de mauvais œil; jusques là,
qu'il étoit anciennement deffendu dans

les Parlemens, de citer aucune de ſes Conſtitutions, ainſi que l'aſſure Mr. Servin. *(A)*

Auſſi Me. Jean Marie Ricard, *(B)* bien inſtruit de nos uſages, ſe moque-t-il avec raiſon de ceux, qui au ſujet de la queſtion, dont il s'agit, alléguent cette Décrétale, qui ne peut paſſer parmi nous, que pour le ſentiment d'un particulier.

Encore ce ſentiment eſt-il d'un poids ſi médiocre, que pluſieurs Ultramontains mêmes, comme on l'a vû ci-deſſus, ont crû qu'il ne devoit point être ſuivi au tribunal de la conſcience. En quoi ils ont été fort aprouvez par Me. Charles du Moulin, *(C)* & par Mr. Coras.

Mais, ſans nous arrêter à cette difficulté, qui ne regarde, que les Pays d'Obédience, il ſuffit à nôtre égard, que la Décrétale ne nous lie en aucune maniére. Ainſi je paſſe à l'examen du Droit Romain, qui mérite ſeul ici nôtre attention.

(A) Liv. 1. Plaid. 14.
(B) Des Subſtit. Part. 1. Ch. 2. n. 66.
(C) Molin. Not. in Decii Conſil. 127. n. 3. Coraſ. in ħ. Precibus. 3. Cod. De Impub. & aliis Subſtit. n. 29. 30.

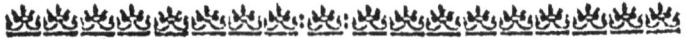

ARTICLE VI.

Que le Droit Romain favorise le droit des méres, même au cas de la substitution pupillaire expresse.

J'Ai fait voir en l'Article III. que les principes généraux du Droit Ecrit, aussi bien que ceux de l'équité naturelle, concouroient également à conserver le droit de la mére dans la succession de son fils, nonobstant la substitution pupillaire.

J'ai prouvé en l'Article IV. que les plus sçavans Interprétes étoient demeurez d'accord de cette vérité, & qu'ils n'étoient retenus dans le sentiment contraire, que par la Loi *Papinianus. 8. §. 5. ff. De Inoff. testam.* qu'ils trouvent expresse contre la mére. *Juris subtilitas, & casus necessitas facit, ut ab eâ Papiniani Sententiâ recedi nullo modo possit*, dit l'un d'eux, dont j'ai raporté plus au long les termes au même endroit.

Or quelle est cette étrange nécessité ?

Quelle eſt cette ſubtilité de Droit, qui a rendu ce grand Papinien ſourd à la voix de la Nature, & de l'équité, & qui force encore aujourd'hui tant de ſçavans hommes à ſuivre ſa déciſion, contre le cri de leur conſcience ?

Si l'on en croit deux de nos plus habiles Juriſconſultes, (*A*) cette ſubtilité conſiſte, en ce que le ſubſtitué pupillairement ſuccéde, non au pupille, mais au pére. Et comme ce dernier ne doit rien à la mére, ils concluent, qu'elle n'a aucun droit de ſe plaindre, ſi elle ne trouve aucune part en cette ſucceſſion.

L'on a montré ci-deſſus, en l'Article I. que ce raiſonnement roule ſur un faux principe. Il eſt ſûr, que le ſubſtitué ſuccéde véritablement au pupille, en la ſucceſſion duquel la mére doit tout au moins trouver ſa Légitime. Ainſi il faut chercher d'autres raiſons à la déciſion de Papinien.

Le véritable motif, qui l'a porté à refuſer à la mére la Plainte d'inofficioſi-

(*A*) Henrys, *Tom.* 2. *Liv.* 5. *Queſt.* 7. Ricard, *des Subſtit. Part.* 1. *Ch.* 2. *n.* 60. & *ſuiv.*

té, a été touché par les autres Interprétes, & entr'autres par Mʳ. le Préfident Favre. (*A*) Par le Droit Romain cette Plainte ne pouvoit être intentée, que fous le prétexte de la démence du teftateur : *Res illo colore defenditur apud Judicem, ut videatur teftator, quafi non fanæ mentis fuiffe.* (*B*) Et c'eft pour cela, qu'on donnoit quelques fois à cette action le nom d'accufation, (*C*) & qu'on n'y étoit jamais admis, qu'à défaut de tous autres remédes. (*D*)

Or dans le cas de la fubftitution pupillaire, où le pupille eft confidéré comme le teftateur, le fait de démence ne pouvoit être allégué de fon chef. Car il eût été abfurde, d'en accufer un enfant, à caufe d'un acte, qui n'étoit point fon ouvrage. Ainfi le prétexte néceffaire, pour intenter cette action, manquant à la mére, il n'eft pas furprenant, que cette voie lui fût interdite.

Mais parce que cette action lui étoit

refufée,

refuſée, s'enſuit-il, qu'elle n'en eût aucune autre, pour obtenir la juſtice, qui
lui étoit dûë ? C'eſt ce que prétendent
la plûpart des Interprétes, & qui n'étoit
peut-être pas ſans fondement aux termes de l'ancien Droit.

Il paroît à la vérité aſſez ſurprenant,
que le Préteur refuſât à la mére l'action
en poſſeſſion de biens *contra Tabulas* ;
tandis qu'il l'accordoit à pluſieurs perſonnes, qui ſe trouvoient dans le même
cas, & dont quelques-uns n'étoient pas
ſi favorables qu'elle. Car nous voyons
qu'il l'avoit étenduë, 1°. à la fille, (*A*)
qui n'avoit pas comme le fils l'action
d'inofficioſité. 2°. aux Patrons, qui
avoient été prétérits par leurs affranchis.
(*B*) 3°. aux péres mêmes, qui l'avoient
été par leurs enfans émancipez. (*C*)
Quelle raiſon y avoit-il donc, de dé-
nier le même ſecours aux méres ? Elles,
qui le méritent par tant de titres, &
qui par cette conſidération trouvent
d'ailleurs tant de faveur dans les Loix ?

(*A*) *L. 4. Cod. De Liber. præterit.*
(*B*) *§. 3. Inſtit. De Succeſſ. libert.*
(*C*) *L. 1. ff. Si à parente quis manumiſſ.*

Y

Quis enim earum non mifereatur, dit Juftinien, (*A*) *propter partus periculum,* &
*ipfam liberorum procreationem, pro quibus
multa noftris Legibus inventa funt privi-
legia?* A quoi on peut joindre cet autre beau Texte, (*B*) où le même Empereur met la faveur de la femme fort
au deffus de celle du mari : *Oportet enim
ipfam dignari majore ftudio, ut quæ &
parturierit, & pepererit, & nutrierit, fu-
pra eum, qui voluptatis fuperfluum pueri
fecerit originem.*

Mais néanmoins il paroît certain, que
dans le commencement du regne de cet
Empereur, elles étoient encore exclufes, non-feulement par la fubftitution
pupillaire expreffe, mais même par la
tacite. Cela fe reconnoît par la Loi derniere, au Code, *De Inftitut. & Subftit.*
qui eft dans le cas de la tacite. Car en
admettant la mére à fuccéder à fon fils,
malgré cette fubftitution, dans un cas,
où elle avoit été inftituée héritiére par
fon mari, conjointement avec ce fils,
Juftinien marque affez, qu'il en a voulu

(A) *L. Affiduis.* 12. §. 1. *Cod. Qui potior. in pign.*
(B) *Novell.* 162. *Cap.* 3. *in fin.*

faire une exception à la régle ordinaire, par ces termes : *Subſtitutionem, in*
hujuſmodi caſu, reſpuendam eſſe cenſemus.

Ainſi on en doit tirer cette conféquence, que l'excluſion de la mére n'auroit
pas été douteuſe, ſi le fils avoit été ſeul
inſtitué.

Reſte donc à voir, ſi les Conſtitutions
poſtérieures de cet Empereur ont aporté
té quelque adouciſſement à cette ancienne rigueur.

De ſçavans Juriſconſultes, entr'au-
tre, M^r. Coras, (*A*) & Ménoche, ont crû
en trouver un dans l'Authentique, *Preſ-*
byteros. Cod. de Epiſc. & Cleric. & dans la
Loi *Omni modo. 30. Cod. De Inoff. Teſtam.*
Car, comme elles obligent les enfans à
laiſſer tout au moins la Légitime à leurs
aſcendans, il ſemble que la mére, prétérite par la ſubſtitution pupillaire, a
droit de demander cette Légitime par
la voye de la condiction, *ex Lege*, en
vertu de ces Conſtitutions.

Mais Fachinée, (*B*) a, ce me ſemble,

(*A*) Coras, *in L. Præcibus. 8. Cod. De Impub. & al.*
Subſtit. n. 29. & ſeq. Menoch. De Præſumpt. Lib. 4. Cap.
8. n. 3. & ſeq.
(*B*) *Controverſ. Lib. 4. Cap. 4.*

Y ij

très-bien refuté cette doctrine, en obſervant, que ces deux Conſtitutions n'ont donné aux perſonnes prétérites aucune action nouvelle. Au contraire la Loi *Omni modo* les renvoye à ce qui avoit été décidé pour ce regard par l'ancien Droit. Ainſi l'on retombe dans la queſtion, ſi ce Droit fourniſſoit quelque action a la mére ; & c'eſt ce qu'il eſt difficile d'établir.

Sans m'arrêter donc à ce réméde, infructueux pour elle, j'en trouve un plus efficace au Chapitre 4. de la Novelle 115. qui prononce la peine de nullité contre les teſtamens inofficieux des enfans : *Nullam vim hujuſmodi teſtamentum, quantùm ad inſtitutionem heredum, habere ſancimus. Sed reſciſſo teſtamento, eis, qui ab inteſtato ad hereditatem defuncti vocantur, res ejus dari diſponimus.*

En effet, puiſque la ſubſtitution pupillaire, quoique dictée par le pére, eſt néanmoins tenuë pour le teſtament du fils, ainſi qu'il a été prouvé en l'Article I. il eſt évident, qu'elle eſt ſujette aux mêmes régles, que ſi elle avoit été dictée par le fils lui-même, ſuivant l'axiome ordinaire : *Fictio tantùm operatur in caſu ficto , quantùm veritas in caſu vero.* Ainſi , quand la mére s'y trouve oubliée , je ne vois pas comment on pouroit l'empêcher de ſe prévaloir de la Novelle.

Je ſçais bien, que quelques Docteurs en petit nombre (*A*) ont prétendu, que cette Conſtitution n'avoit rien changé, ni ajoûté aux formes preſcrites par l'ancien Droit, pour la reſciſion des teſtamens , ſous prétexte de prétérition, & par conſéquent, qu'il falloit toujours les impugner par la voye de l'inofficioſité.

Mais 1°. cette opinion , particuliére à quelques Interprétes, a été preſque généralement rejettée par tous les autres ; (*B*) & il ne me paroît pas poſſible de réſiſter à leurs raiſons.

<hr/>

(*A*) *Vigl. Zuichem. ad Tit. Inſtit. De Inoff. teſt. n.* 4. Donellus , *Comment. Jur. Civil. Lib.* 6. *Cap.* 13. & quelques autres.

(*B*) V. Balde , *Conſil.* 229, *Vol.* 4. Du Moulin , *De Inoff. teſt. n.* 9. Ant. Govean. *In L.* 1. ff. *De Vulg. & pupill. in verb. Nam ſine heredis Inſtit.* Vaſquès , *De Succeſſ. Tom.* 2. *Lib.* 3. *in L. Filiam.* 15. *Cod. De Inoff. teſt. n. ult.* Bachovius, *in §.* 1. *Inſtit. Eod. Tit. n.* 5. 6. Hunnius, *in Treutler. Vol.* 1. *Diſput.* 13. *Theſ.* 1. *Quæſt.* 4. Gilken , *in L.* 30. *Cod. de Inoff. teſt. n.* 5. *& ſeq.* Pagenſtecher. *in Irner. injuriâ Vapul. Coit.* 6. *& * 30. Bynkershœck , *Obſerv. Jur. Rom. Lib.* 2. *Cap.* 12.

2°. Ceux même, qui tiennent que depuis la Novelle 115 on doit encore prendre la voye de l'inofficiofité, conviennent qu'il n'eft plus néceffaire comme autrefois, d'y employer le prétexte de la démence préfumée du Teftateur. *Olim*, dit l'un d'eux, (*A*) *per querelam refcindebatur teftamentum eo colore, quaſi teftator fuiſſet demens eo tempore, quo teftamentum ordinaſſet. Hodie per querelam refcinditur teftamentum, ob eam duntaxat rationem, quòd folemnitati, à Juftiniano introductæ, non fuerit fatisfactum.*

Puis donc que toute la fubtilité de la décifion de Papinien, qu'on fait fonner ſi haut contre la mére, rouloit ſur l'impoffibilité de lui permettre, d'alléguer le fait de démence contre la fubftitution pupillaire, il s'enfuit, que dès qu'il n'eft plus néceffaire d'employer ce prétexte, la décifion de Papinien s'évanoüit, & qu'on ne peut plus refufer à la mére la voye même de l'inofficiofité.

3°. Quand il feroit vrai, que la No-

(*A*) Schifordegher, *Difputat. Forenf. ad Anton. Fabrum*, *liv. 1. Tract. 17. Queſſ. 2.* Adde Cujac. ad *African. in L. Ex duobus. 34. ff. De Vulg. & pupill. Subftit.*

velle 115 n'auroit rien changé pour ce regard aux anciennes formules, toujours faudroit-il demeurer d'accord, que par l'uſage général de ce Royaume, toutes ces actions de Plainte d'inofficioſité, & de poſſeſſion de biens *contra Tabulas*, ne ſont plus reçûës dans les Tribunaux, où l'on ne connoît, que la demande en caſſation du teſtament par le point de la prétérition.

C'eſt ce que nous a enſeigné Me. Charles du Moulin, (*A*) en ces termes: *Tenenda igitur communis ſententia, quòd teſtamentum ſit nullum. Quæ in uſu recepta eſt, & practicatur. Eſt etiam Reipublicæ, & in Jure dicendo utilior, ad vitandos circuitus, multaſque perplexitates, litibus tantùm intricandis, & cavillationibus idoneas, reſcindendum.* Ce qui eſt confirmé par Automne, (*B*) par Mr. d'Olive, & pluſieurs autres.

En effet, ſi nous étions encore aſtrains à prendre la voye de la Plainte d'inofficioſité ; il s'enſuivroit, qu'après cinq

(*A*) *Tract. De Inoff. teſtam. n. 10.*
(*B*) Conférence d'Automne, *in Tit. Dig. De Inoff. teſt.* Mr. d'Olive, *Liv. 3. Ch. 8.*

ans, nous n'y ferions plus reçûs, fuivant le Droit Romain. (*A*) Il s'enfuivroit
encore, qu'avant que d'intenter la Plainte, il faudroit commencer par demander l'envoi en poffeffion imaginaire,
dont parlent les Loix. (*B*) Ce qui certainement eft inoüi parmi nous ; quoiqu'en ait voulu dire Me. Jean Marie
Ricard, qui confondant l'ancienne pratique des Romains avec la nouvelle,
& même avec la nôtre, s'eft avifé (*C*)
d'avancer, je ne fçais comment, que
les afcendans prétérits ne pouvoient demander la caffation du teftament, qu'a-
près qu'il avoit eû fon effet.

Et cela me furprend d'autant plus
de fa part, que dans un autre endroit
du même ouvrage, (*D*) il fupofe les mêmes principes, que je viens d'établir,
& rejette le trop fcrupuleux attache-
ment des Romains à l'ordre de leurs
actions d'une maniere, qui condamne
parfaitement la vaine fubtilité de la dé-

(*A*) *L.* 34. *in fin. Cod. De Inoff. teft.*
(*B*) *L.* 2. *Cod. Eod. Tit.*
(*C*) Des Donations, *Part.* 3. *n.* 872. 924. 929.
(*D*) *Ibid. n.* 1515.

cifion

cision de Papinien. Car voici, comme il s'en explique : *Dans notre Jurispru-dence nous ne nous sommes pas arrêtés à la rigueur, & aux scrupules des actions du Droit Romain ; qui est en effet tout ce que je trouve à redire dans ce Droit, de voir qu'ils étoient tellement attachés à cet enchaînement d'actions, qu'ils aimoient mieux souffrir des absurdités apparentes, que d'innover cet ordre par un juste chan-gement.*

4°. S'il est certain dans les Pays de Droit Ecrit, que la voye de l'inofficio-sité ait fait place à l'action en déclara-tion de nullité du testament, cela est en-core moins douteux dans les Coutumes, qui comme la nôtre (*A*) déclarent nulles les dernieres dispositions, où l'on n'a pas laissé la Légitime à ses vrais héritiers. Car on ne peut douter, que ces Statuts ne donnent une action à la mére, pour faire annuller le testament inofficieux, & par conséquent la substitution pu-pillaire.

De tous ces principes, je crois pou-voir conclure, que le Droit Romain,

(*A*) *Art.* 61.

Z

du moins depuis la Novelle 115, loin
d'être opofé à l'interêt de la mére, lui
eft entierement favorable, même au
cas de la fubftitution pupillaire expreffe.
Et ce qui m'y confirme de plus en plus,
c'eft de voir que ce grand Jurifconfulte,
Mᵉ. Charles duMoulin, après avoir long-
temps fuivi l'erreur commune, ait peu
à peu abandonné fes anciens préjugés,
pour fe ranger enfin à nôtre opinion.

Dans fes premiers ouvrages, quelque
perfuadé qu'il fût de l'iniquité de l'exclufion de la mére, il fe contentoit de
foutenir, *(A)* que la fubftitution pupillaire étoit peu favorable en ce cas.
On en a vû le paffage à la fin de l'Article II.

Quelques années enfuite, lorfqu'il pu-
blia fes Remarques fur les Confeils de
Decius, ayant acquis de nouvelles lu-
mieres, il ne craignit pas de dire, *(B)*
qu'au cas même de la Pupillaire expreffe,
la Légitime étoit dûë à la mére; du
moins en confcience, quand même le
pére l'auroit expreffément prohibée.

(A) *Not. in Alexand. Confil.* 51. *Lib.* 7. *n.* 9.
(B) *Not. in Decii Confil,* 227. & 572. *n.* 4.

Mais peu après il trancha le mot,
& fit un Traité exprès, pour montrer
que cette Légitime ne pouvoit lui être
refuſée, même dans le For extérieur.
Il en parle dans un de ſes Ouvrages,(*A*)
qui parut pour la premiére fois en 1561,
& par conſéquent peu avant ſa mort.
C'eſt grand dommage, que ce Traité
ſe ſoit perdu, & je n'oſe me flater d'a-
voir ſupléé à ce que ſes grandes lu-
miéres nous auroient fourni ſur cette
matiére. Mais c'eſt toujours beaucoup
pour nôtre ſentiment, qu'il ait par ſon
évidence forcé ce ſçavant homme à re-
noncer à ſes premiéres idées, & à en
faire un aveu public.

La maniére, dont Domat s'explique
ſur nôtre queſtion, eſt auſſi très remarquable. Car il blâme hautement (*B*) la
liberté, accordée au pére par les Loix
Romaines, non-ſeulement de ſubſtituer
pupillairement la Légitime de ſes enfans, mais encore de priver la mére de
la ſienne. A quoi il ajoute, que nous
devons mettre la déciſion de Papinien

(*A*) *In L. 1. §. Si quis ita, n. 81. ff. De Verb. oblig.*
(*B*) *Traité des Loix, Ch. 11. n. 24.*

Z ij

au nombre de ces *subtilitez de Droit Ro-*
main, qui font rejettées parmi nous ; parce que nous ne recevons ce Droit, que comme la raifon écrite, & que ces fubtilitez
bleffant le Droit naturel, bleffent la raifon.

Il en parle encore ailleurs (*A*) avec
non moins d'indignation contre la décifion de Papinien. Mais il ne paroît pas
s'être aperçû, que la fubtilité de l'ancien Droit, qui en faifoit le fondement, avoit été corrigée par le nouveau, & que par conféquent il ne ref-
toit plus d'obftacle à la prétention de
la mére ; même au cas de la pupillaire
expreffe.

Ces témoignages néanmoins ne laif-
fent pas de faire voir, que le droit de
la mére n'eft pas dénué de Deffenfeurs
illuftres ; & il me feroit aifé d'en nom-
mer plufieurs autres, (*B*) fi nous ne vi-
vions dans un Royaume, où le nombre
des autoritez touche beaucoup moins,
que le poids des raifons.

(*A*) Loix Civiles, *Tom.* 3. *L.* 5. *Tit.* 2.
(*B*) Outre ceux, qu'allégue Fufarius, *De Subflit.* *Quæft.*
156. *n.* 15. V. Mr. Coras, *in L. Precibus.* 8. *Cod. De Impub.*
& al. Subflit. n. 29. *& feq.* Mellier, *fur l'Edit des Méres,* &c.

ARTICLE VII.

Des droits légitimes de la mére en la ſuc-
ceſſion de ſon fils , au cas de la
pupillaire expreſſe.

S'Il eſt vrai , comme je crois l'avoir
ſolidement établi , que la mére peut
ſe prévaloir de la Novelle 115, contre la
ſubſtitution pupillaire , la conſéquence
en paroît facile à tirer. Car cette ſubſtitution étant une véritable inſtitution
d'héritier , faite par le pére au nom de
ſon fils , il eſt évident , qu'elle eſt annullée, aux termes de la Novelle, par la
prétérition de la mére , à laquelle par
conſéquent la ſucceſſion eſt dévoluë ,
comme *ab inteſtat.*

Mais cela retombe dans une autre
queſtion , fort controverſée entre les
Interprétes , (*A*) ſçavoir , ſi la ſubſtitution directe ſe trouvant nulle , peut dé-
générer en fidéicommiſſaire ? Car en ce
cas , quoique la mére recüeille la ſuc-

(*A*) V. Fuſarius. *De Subſtit. Queſt.* 8.

cession, elle sera tenuë de la rendre à l'héritier substitué, par la force du fidéicommis, sauf les détractions de Droit.

Je ne m'arrêterai point à la discussion des opinions différentes, qui se sont élevées sur cette matiére; n'y ayant rien à ajouter, ce me semble, à ce qu'en a dit Mr. Cujas, sur la Loi 7. *ff. De Vulg. & pupill.* (A) suivant lequel il faut faire cette distinction.

Ou le fils, auquel le pére a substitué, meurt après la puberté, ou auparavant.

S'il meurt après la puberté, en ce cas la substitution est caduque, à moins qu'il ne paroisse bien clairement par les termes du testateur, qu'il a voulu grever son fils de fidéicommis; *quia quòd potuit, non fecit, & quod non potuit, fecit, ac proinde nihil egit.* Et en ce cas l'on tient dans le doûte, que le pére a voulu laisser à son fils la liberté de disposer de tous ses biens, quand il aura atteint l'âge de le faire.

Si au contraire le fils est mort en pupillarité; alors, bien que la substitution soit conçûë en termes directs, pour que

(A) *Lib. 6. Responsor. Papinian.*

la volonté du pére ne demeure pas tout à fait infructueuſe, *ne concidat omninò teſtamentum filii, quod pater ei fecit*, on tourne la ſubſtitution pupillaire directe en fidéicommiſſaire, par une interprétation tirée de la volonté préſumée du teſtateur.

Il y en a un bel exemple en la Loi 76. *ff. Ad Sc. Trebell.* en cette eſpèce. Un pére par ſon teſtament avoit inſtitué ſon fils, & par un codicile poſtérieur il lui avoit ſubſtitué pupillairement. On convenoit, que cette ſubſtitution, qui étoit une véritable inſtitution, ne pouvoit valoir; parce que, *codicillis hereditas neque dari, neque adimi poteſt*. Et ſur cela la mére du pupile, lequel étoit décédé en pupillarité, prétendoit ſa ſucceſſion entiere *ab inteſtat*. Cependant le Juriſconſulte Scévola répondit, que par une benigne interprétation, la ſubſtitution directe devoit être regardée, comme un fideicommis; & que par conſéquent la mére devoit rendre la ſucceſſion au ſubſtitué, en retenant ſeulement ſa Légitime.

Or cette déciſion eſt parfaitement

aplicable au fait, que nous traitons; la
même préfomption de volonté du teftateur, & la même raifon de foutenir
fa difpofition, fe trouvant dans un cas,
comme dans l'autre ; fans que la mére
ait lieu de fe plaindre, puifque la Légitime lui eft confervée.

Et c'eft fur ce fondement, que par
un Arrêt célébre de nôtre Parlement du
18 Janvier 1616, (*A*) il fut jugé, qu'une
fubftitution pupillaire, faite en termes
directs par une mére, quoique nulle,
par l'incapacité de la teftatrice de faire
un pareil acte, ne laiffoit pas de valoir,
comme fidéicommis, au profit de l'héritier fubftitué, fuivant le fentiment
des Docteurs. (*B*)

En quoi il y auroit encore moins de
doute, fi la fubftitution fe trouvoit
faite en termes douteux, & que les Interprétes apellent *communs*, parce qu'ils
conviennent également aux fubftitutions directes, & aux fidéicommiffaires,

(*A*) Raporté par Guillaume, fur l'Art. 63. de la Cout. de
Bourgogne, *Pag.* 175. 176.
(*B*) V. ceux, qui font citez en grand nombre par Merlin,
De Legitima. Lib. 3. *Tit.* 2. *Quaft.* 14. *n.* 63. 64.

ainfi

ainſi qu'en demeure d'accord Mr. Favre. (*A*) Comme ſi, par exemple, le teſtateur s'eſt ſervi du mot, *je ſubſtituë*, qui conſtamment parmi nous eſt commun aux deux eſpèces de ſubſtitutions, comme l'a fort bien fait voir Me. Jean Marie Ricard, (*B*) & qui eſt l'expreſſion, dont nous uſons le plus communément dans ces ſortes d'actes.

Je ſçais bien que les Parlemens (*C*) de Paris, de Toulouſe, de Provence, & de Dauphiné, auſſi bien que divers Tribunaux étrangers, ſont dans l'uſage de refuſer la Légitime à la mére, au cas de la pupillaire expreſſe. Mais c'eſt une ſuite de l'opinion, ou plûtôt, ſi je ne me trompe, de l'erreur commune de la plûpart des Interprétes, à l'autorité deſquels il n'eſt pas ſurprenant, qu'on ſe ſoit laiſſé éblouïr.

Mais d'autres Tribunaux ont rendu plus de juſtice aux méres, & n'ont pas crû devoir lui refuſer la triſte conſola-

---

(*A*) Cod. *Lib. 6. Tit. 8. Def. 10.*
(*B*) Des Subſtitutions, *Part. 1. n. 261. & ſuiv.*
(*C*) V. le Commentateur d'Henrys, *Tom. 2. L. 5. Queſt. 7. Pag. 550.*

A a

tion d'une Légitime. Le Parlement de Bourdeaux en rendit un Arrêt folemnel, qui fut prononcé en robes rouges en l'année 1567; (*A*) & qui a été fuivi de tant d'autres conformes, que la chofe n'y eft plus révoquée en doute. (*B*)

Le Grand Confeil fuivit la même Jurifprudence dans un Arrêt cité par Mornac; (*C*) & quoique cet Auteur ajoute, qu'il fut rendu fur des circonftances particuliéres, comme il ne les raporte pas, il y a lieu de croire, qu'il ne parle ainfi, que pour tâcher de concilier cette décifion avec fes propres préjugez, qui n'étoient pas favorables aux méres.

Enfin nôtre Parlement a pris le même parti dans un Arrêt célébre du 28 Juin 1612, qui fut rendu au raport de Mr. Milletot, Auteur du fameux Traité, *du Délit commun, & du Cas privilégié.* Cet Arrêt, qui a été raporté en forme, & très-exactement par Bouvot,

---

(*A*) Inféré au Recüeil de Plaidoyez, imprimé à Bourdeaux en 1616. 4°. Pag. 375.

(*B*) V. Automne, *Confér. in Tit. Cod. De Inftit. & Subft. & in L. Precibus. 8. Cod. De Impub. & al. Subftit.* La Peyrére, *Lett. S. n.* 175.

(*C*) *In L. 8. §. Sed neque. ff. De Inoff. teft.*

(*A*) fut donné en cette eſpèce.

Mᵉ. Jean Bachet, Sieur de Mezeriac en Breſſe, avoit nommé ſes héritiers univerſels Guillaume & Gaſpard Bachet, ſes fils d'un premier lit, conjointement avec le poſthume mâle, qui naîtroit de Claudine de la Béviére, ſa ſeconde femme. Il avoit ajouté cette clauſe, *qu'au cas qu'ils viendroient à décéder ſans enfans, il les ſubſtituoit l'un à l'autre, vulgairement, pupillairement, & par fidéicommis.* Par le même teſtament, il avoit fait un legs conſidérable à ſa femme. Après la mort du teſtateur, elle accoucha d'un fils, qui mourut peu après, & dont la ſucceſſion entiére fut prétenduë par les deux fréres, en vertu de la ſubſtitution pupillaire. Néanmoins la Cour adjugea à la mére la Légitime dans les biens de ſon fils.

Un Auteur moderne (*B*) a voulu affoiblir cette déciſion, en diſant qu'elle ne fut renduë, que dans le cas de la ſubſtitution compendieuſe. Mais il n'a ſans doute pas pris garde à la clauſe,

(*A*) En ſon Recüeil d'Arrêts, *Tom.* 1. *Part.* 1. *Pag.* 202.
(*B*) Le Commentateur d'Henrys, *Tom.* 2. *Pag.* 551.

vulgairement, *pupillairement*, *&c.* Car elle ne laiſſe aucun doute ſur ce point, comme l'a remarqué Mr. Charles du Moulin, (*A*) après tous les Interprétes; & en effet dans le corps de l'Arrêt la ſubſtitution eſt qualifiée de pupillaire expreſſe.

On peut donc être aſſuré, que l'Arrêt fut rendu dans le cas de cette eſpèce de ſubſtitution, & même dans des circonſtances peu favorables pour la mére. Car outre qu'elle avoit eu un avantage conſidérable par le teſtament de ſon mari, la ſubſtitution ſe trouvoit faite au profit des fréres du pupille. Qui eſt un cas, où quelques Docteurs (*B*) croyent que la mére doit être privée de toute Légitime, même par la pupillaire tacite.

Mais il ne faut pas oublier ſur cet Arrêt, qu'il ſupoſe que les deux fils du premier lit étoient impubéres au tems de la mort du teſtateur. Car s'ils avoient été en puberté, la ſubſtitution n'auroit pû être pupillaire, encore que le pére l'eût

---

(*A*) *Not. in Alexandr. Conſil.* 17. *Lib.* 3. *n.* 11. Guy Pape, *Quaſt.* 533, &c.

(*B*) V. Fuſarius, *De Subſtit. Quaſt.* 157. *n.* 42.

voulu ainſi, ſuivant la diſpoſition des Loix, (*A*) qui ont décidé, qu'il ne convient point, que la ſubſtitution ſoit double du côté du pupille, tandis qu'elle n'eſt que vulgaire du côté de ſes fréres.

Il eſt important auſſi de remarquer, que cet Arrêt adjugea la Légitime à la mére, ſans lui accorder en même tems la Quarte Trébellianique. En quoi il jugea une autre queſtion de conſéquence, laquelle fut encore décidée depuis de la même maniére par l'Arrêt du 7 Décembre 1660, qui ſera raporté en l'Article IX.

Ces Arrêts paroiſſent dans les régles. Non par le principe, que cette Quarte ne ſe préléve point ſur les ſubſtitutions directes, telle que l'eſt la pupillaire. (*B*) Car j'ai fait voir, qu'il n'étoit plus queſtion ici de cette eſpèce de ſubſtitution, laquelle dans le cas, où nous ſommes, doit être conſidérée, comme un pur fidéicommis. Mais parce qu'il ne paroît pas juſte, d'accorder aux aſcendans la détraction de la Quarte Trébellianique

---

(*A*) *L. Jam hoc Jure.* 4. §. 2. *ff. De Vulg. & pupill.*
( ) V. M. Favre, *Cod. Lib.* 6. *Tit.* 8. *Def.* 2. *n.* 9.

& de la Légitime fur les fubftitutions fidéicommiffaires.

En effet, puifque la détraction des deux Quartes, accordée aux enfans par le célébre Chapitre, *Raynutius. Extr. De teftament.* a été regardée par les plus fçavans Interprétes, *(A)* comme abfurde, & contraire aux principes du Droit, il ne feroit pas raifonnable de l'étendre hors de fon cas, ni de communiquer ce privilége exorbitant aux afcendans, dont la caufe en plufieurs occafions eft moins favorifée, que celle des defcendans.

Il eft vrai, que d'habiles gens *(B)* ont penfé le contraire, & que leur fentiment eft fuivi au Parlement de Touloufe.

Mais les raifons, fur lefquelles on l'appuie, ne font pas comparables aux raifons contraires. Et quoique nôtre Parle-

---

(A) Mr. Cujas, *Obfervat. Lib.* 8. *Cap.* 3. Hotman, *Queft. Illuftr. Cap.* 44. Donellus, *Comment. Jur. Civ. Lib.* 7. *Cap. ult.* La Peyrére, *Lett. T. n.* 155. Barry, *De Succeff. Lib.* 15. *Cap.* 6. *n.* 9. Peregrin, *De Fideicomm. Art.* 3. *n.* 53.

(B) V. Fachin. *Controv. Lib.* 12. *Cap.* 80. Charondas, *Refp. Liv.* 7. *Ch.* 157. Mr. Maynard, *Liv.* 5. *Ch.* 47. Ricard, *des Donat. Part.* 3. *v.* 1054. *&c.*

ment, par un Arrêt du dernier de Juillet
1617, raporté par quelques Commentateurs de nôtre Coutume, (*A*) ait adjugé la Quarte à la mére avec la Légitime, c'eſt la ſeule fois, qu'il ſe ſoit écarté
des principes, qui viennent d'étre établis.

Outre les deux Arrêts, que je viens
de raporter, j'en connois encore deux
autres, qui ont débouté les aſcendans
de la Quarte Trébellianique.

Le premier fut rendu le 13 Janvier
1620, au raport de Mᵉ. Lantin. L'eſpèce en eſt raportée par les mêmes Commentateurs de nôtre Coutume. (*B*)

Le ſecond intervint ſur cette hypothèſe. Philibert Colombet, de Treffort,
avoit inſtitué Marie Tardy ſa mére, en
tous ſes biens, à la charge de fidéicommis au profit des enfans d'Hercule Colombet ſon frére. La mére accepta le
teſtament, ſans préjudice de ſa Légitime, & de la Trébellianique. Elle mou-

<hr>

(*A*) Guillaume, *ſur l'Art.* 63. *Pag.* 178. Chevanes, *ibid.*
Pag. 201. 202.

(*B*) Guillaume, *ibid. Pag.* 177. Chevanes, *ibid. Pag.*
232. 233.

rut enfuite, après avoir nommé pour
fes héritiers Hercule, & Anne Colombet, lefquels voulurent déduire les deux
Quartes fur le fidéicommis de Philibert
leur frére. Mais par Arrêt donné en la
Grand'Chambre le 28 Juin 1642, au raport de Mr. Milletot, la Cour leur ac-
corda feulement la détraction de la Légitime. Enforte que nôtre Jurifprudence ne paroît plus douteufe fur ce point.

ARTICLE VIII.

Des droits de la mére, au cas de la pu-
pillaire tacite.

L A fubftitution pupillaire expreffe,
eft celle, où le pére a nettement
prévû le cas du décès de fon fils en pupillarité: *Si impubes decefferit.*

La tacite eft celle, qui fe trouve tacitement comprife en la vulgaire: *Si
filius heres non erit.* Car les Loix (*A*) ont
décidé, que ce cas comprenoit celui
du décès en pupillarité: *Sive heres non*

(*A*) L. 4. ff. De Vulg. & pupill.

extiterit ;

extiterit ; ſive extiterit , & impubes deceſſerit.

Il n'y a donc d'autre différence entre l'expreſſe , & la tacite, ſinon que le ſecond cas eſt clairement prévû dans la premiére ; au lieu que dans la tacite il eſt ſous-entendu par la Loi.

Or encore que les expreſſions ſoient différentes en ces deux eſpèces de ſubſtitutions , il ne paroît pas douteux , que les effets ne ſoient les mêmes. Car c'eſt un principe , que ce qui eſt ſous-entendu par la Loi dans un acte , eſt cenſé y avoir été exprimé : *Expreſſum videtur , quòd ſubintelligitur à Jure.* (A) Enforte que la Loi ſupoſant , que le teſtateur , en faiſant la ſubſtitution vulgaire , a eu intention d'y ajouter la pupillaire , c'eſt comme s'il l'avoit ajoutée en effet. (B) Et par conſéquent , ſi la mére eſt excluſe par l'expreſſe , je ne fais nul doute , qu'elle ne le ſoit par la tacite , ſuivant le ſentiment de pluſieurs Ju-

(A) *L. Licet.* 74. ff. *De Legat.* 1. *L. Quæſitum.* 9. §. 1. ff. *De Diſtract. pign. L. Non rectè* 3. *Cod. De Fidejuſſ.*

(B) Menoch. *De Præſumpt. Lib.* 4. *Cap.* 35. 36.

risconsultes du premier ordre. (*A*)

Je sçais bien, que l'opinion commune est contraire, & qu'elle a été suivie par des Interprétes de grand nom, (*B*) qui tiennent, qu'au cas de la pupillaire tacite, la mére doit avoir nonseulement sa Légitime, mais même la succession entiére du pupille.

Mais les raisons, qu'ils en aportent, me paroissent très-aisées à résoudre.

Ils oposent en premier lieu la Loi *Precibus* 8. *Cod. de Impub. & al. Substit.* où il est dit, au sujet d'un testament militaire, que si le testateur n'a fait qu'une substitution vulgaire, la mére n'est point excluse de la succession de son fils. Cependant, disent-ils, la substitution vulgaire comprend tacitement la pupillaire. Donc la pupillaire tacite n'exclut pas la mére.

(*A*) Outre ceux, qu'a citez Fusarius, *De Substit. Quæst.* 157. *n.* 4. V. Mr. Connan, *Comment. Jur. Civ. Lib.* 10. *Cap. ult. n.* 13. Donellus, *in L. Precibus. Cod. De Impub. & al. Subst.* Mr. Favre, *Conject. Jur. Civ. Cap.* 9. & *passim.* Bachovius, *in Tit. Instit. De Pupillar. Substit.* Mr. Catelan, *Tom.* 1. *Liv.* 2. *Ch.* 84. *&c.*

(*B*) V. Fusarius, *Ibid. n.* 1. Mr. Cujas, *in L. ult. Cod. De Instit. & Subst. & Observat. Lib.* 12. *Cap.* 27. Fachin, *Controv. Lib.* 4. *Cap.* 40. Henrys, *Tom.* 2. *Liv.* 5. *Quæst.* 5. Ricard, *des Substit. Part.* 1. *Ch.* 2. *n.* 62. *&c.*

Mais aucun d'eux n'a répondu pertinemment, ce me ſemble, à la ſolution
de Donellus, (*A*) & de M^r. le Préſident
Favre, qui ont très-bien obſervé, que
la déciſion de cette Loi dépendoit de
la qualité du teſtateur, lequel étoit un
ſoldat. Or aux termes du Droit Romain,
il eſt certain, que dans les diſpoſitions
de ces ſortes de gens, on n'admettoit
aucune interprétation. Puis donc que
les Loix, qui ont compris la pupillaire
tacite dans la vulgaire, ne l'ont fait, qu'en
interprétant la volonté du teſtateur,
il eſt évident qu'elles ne comprennent
point les teſtamens des ſoldats.

On opoſe encore la Loi derniere, au
Code *De Inſtit. & Subſtit.* mais ſans aucun fondement raiſonnable. Car il y étoit
queſtion d'un cas, où le pére avoit inſtitué ſon poſthume, & ſa femme, chacun par moitié, ajoutant, que s'il ne
ſe trouvoit point de poſthume, il lui
ſubſtituoit certaine perſonne. Le poſthume vint au monde. Mais étant mort
peu après, le ſubſtitué demanda la ſuc-

(*A*) Donellus, *in dict. L. Precibus.* Mr. le Préſident Favre, *Conjectur. Lib.* 15. *Cap.* 10.

ceſſion. Cependant il fut décidé, que la
mére lui feroit préférée, par la raifon,
ajoute la Loi, que *ſi pater ſuæ ſubſtan-*
tiæ partem uxori dereliquit, multò magis
& luctuoſam hereditatem ad matrem veni-
re curavit. Or ce motif fait fentir, que
cette décifion, loin de faire une régle
générale, eſt elle-même une exception
à la régle, qui veut que la fubftitution
vulgaire renferme la pupillaire. Car,
comme cette régle n'eſt fondée, que
fur la volonté préfumée du teftateur,
il n'eſt pas furprenant, que l'Empereur
en ait jugé autrement dans un cas, où
il y avoit lieu de préfumer une volonté contraire, fuivant les principes établis en la *L. Quamvis.* 4. *Cod. De Im-*
pub. & al. Subftit. Cela fe trouve fi bien
démontré dans Donellus, (*A*) & dans
Mr. le Préfident Favre, que je ne vois
pas comment on y pouroit répondre.

Voilà les feuls Textes de Droit, qu'em-
ployent les Interprétes (*B*) pour établir
leur prétenduë différence entre la pu-

(*A*) Donellus, *in dict. L. Precibus*, *n.* 5. & Mr. Favre ;
Conjectur. Lib. 15. *Cap.* 9.

(*B*) V. Fachin. *loco cit.*

pillaire tacite, & l'expreſſe. Et la raiſon, qu'en aporte Henrys, (*A*) eſt peu
digne de lui. Elle conſiſte, dit-il, en ce
que la vulgaire n'eſt tenuë pour pupillaire, que par une préſomption de la
volonté du teſtateur, & qu'ainſi il n'eſt
pas raiſonnable, qu'elle ait la même
force, que l'expreſſe. Mais c'eſt une erreur, condamnée par la Maxime, que
ce qui eſt ſous-entendu par la Loi, eſt
cenſé avoir été exprimé par l'homme,
& qu'il en réſulte une préſomption lé-
gale, laquelle ne peut être détrui-
te, que par une preuve contraire.

Quel eſt donc le véritable motif, qui
a entraîné tant d'habiles gens dans cette opinion, que la mére n'étoit pas excluſe par la pupillaire tacite ? Il n'en
faut pas chercher d'autre, que l'injuſtice
qu'ils ont trouvée, à voir priver la mére
de ſon droit légitime par la ſubſtitution pupillaire expreſſe, & par conſéquent a étendre cette privation au cas
de la pupillaire tacite : *Quòd æquum ſit
matrem, ad quam ſummus mœror morte
filii pervenit, & amiſſi filii, & luctuoſæ*

(*A*) *Loco citat.*

hereditatis damnum non sentire, ex solo in-
tellectu pupillaris substitutionis, comme
l'a dit Mr. Cujas. (*A*)

En quoi il me semble, que ces Jurisconsultes ont fait ce qu'ils ne pouvoient pas, & qu'ils n'ont pas fait ce
qu'ils pouvoient. Car étant obligez de
régler la pupillaire tacite sur l'expresse,
il ne leur étoit pas permis de mettre
entr'elles une différence si essentielle.
Mais l'iniquité, qu'ils trouvoient dans
l'exclusion de la mére, au cas de la tacite, devoit leur faire sentir, qu'elle
n'étoit pas moindre au cas de l'expresse,
& les engager à ne pas traiter la mére
moins favorablement dans un cas, que
dans un autre.

Malgré néanmoins l'irrégularité de
leur sentiment sur la pupillaire tacite,
il a paru si équitable, qu'il a été suivi
dans tous les Tribunaux du Monde,
où est reçüe cette espèce de substitution.

Pour les Pays étrangers, on peut voir
Fusarius, (*B*) Mr. le Président Favre,

(*A*) *Observat. Lib.* 12. *Cap.* 27.
(*B*) *De Substitut. Quæst.* 157.

(*A*) & quelques autres, (*B*) qui aſ-
ſûrent que la mére ſuccéde en ce cas,
non-ſeulement en ſa Légitime, mais
même en tous les biens du pupille ; &
que l'uſage eſt ſur cela ſi certain, qu'on
ſeroit ſifflé, ſi on propoſoit le contraire.

Et à l'égard des Parlemens de France, on en trouvera la preuve dans Me.
Jean Marie Ricard, (*C*) & dans le nouveau Commentateur d'Henrys ; (*D*)
quoique quelques Arrêts aient adjugé
la ſucceſſion entiére à la mére, & que
d'autres l'aient réduite à la Légitime.

Il n'y a que le nôtre, où je n'ai pas
oüi dire, que la queſtion ſe ſoit jamais
préſentée. Mais comme il a jugé, qu'au
cas de la pupillaire expreſſe la mére
devoit avoir ſa Légitime, ainſi qu'on
l'a vû en l'Article précédent, il n'y a
pas d'aparence, qu'au cas de la tacite
il fît difficulté de lui accorder le même
avantage.

(*A*) Cod. L. 6. Tit. 8. Def. 1.
(*B*) Hunnius, *Encyclop. Juris Part.* 4. *Tit.* 19. *Cap.* 3.
n. 35. Bachovius, *in Inſtitut. Tit. De pupillar. Subſtit. §.* 1.
ſub fin. Barry, *De Succeſſ. Lib.* 4. *Cap.* 7. *n.* 1.
(*C*) *Des Subſtit. Part.* 1. *Ch.* 2. *n.* 62, 66.
(*D*) *Tom.* 2. *Liv.* 5. *Queſt.* 7. *Pag.* 551.

De lui accorder auffi plus que la Légitime, comme le font quelques Parlemens, c'eft ce qui ne me paroît pas
jufte, par les raifons, que j'ai raportées
ci-deffus; & puifque, fuivant le Bro-
card ordinaire, (*A*) *taciti, & expreffi
idem eft judicium*, la mére doit être con-
tente, d'être traitée également en l'un
& l'autre de ces cas.

Un autre motif doit porter tout bon
Juge à fuivre ce parti. Comme les Interprétes n'ont pris celui, d'admettre
la mére à la fucceffion entiére du pupille, au cas de la pupillaire tacite,
qu'en fupofant, qu'en cette occafion
le pére n'avoit pas eu intention de l'exclure, ils en ont conclu, que fi le contraire paroît par quelques conjectures,
il faut en juger autrement. Et fur cela
ils ont imaginé une infinité de circonftances, fur lefquelles ils fondent cette
préfomption. (B)

Or ces circonftances, qui font autant
de pepiniéres de procès, font inutiles à

(*A*) *L. Cum quid* 3. *ff. De Reb. credit. cum fimil.*
(*B*) V. Menoch. *De Prafumpt. Lib.* 4. *Cap.* 39. *n.* 40.
& *feq.*

examiner,

examiner, ſi l'on ſuit nôtre opinion, ſelon laquelle il ne peut jamais dépendre de la volonté du pére, de priver la mére de la Légitime.

❧❧❧❧❧❧❧❧❧❧❧❧: ❧:❧❧❧❧❧❧❧❧❧❧❧

ARTICLE IX.

Des droits de la mére, au cas de la ſubſtitution compendieuſe.

LA ſubſtitution compendieuſe eſt celle, qui ſous des expreſſions abregées, renferme differens cas, comme ſi le teſtateur a dit : *quandocùmque filius deceſſerit* , ou s'il s'eſt ſervi d'autres termes ſemblables, qui comprennent le tems de la puberté, auſſi bien que celui de la pupillarité.

On ne doute pas, qu'après la puberté, la ſubſtitution ne ſoit fidéicommiſſaire. Mais pendant la pupillarité, doit-elle être regardée, comme pupillaire, & en avoir les effets par raport à la mére ? C'eſt en quoi conſiſte la difficulté.

L'on comprend bien qu'elle n'arrête

C c

pas ceux, qui ajugent la Légitime à la mére, même au cas de la pupillaire expreſſe. Car la compendieuſe ne ſçauroit avoir plus de force.

Mais ceux, qui ſe ſont déclarez contre la mére au cas de l'expreſſe, ſe trouvent fort partagez au cas de la compendieuſe , (A) & ont été obligez d'en venir aux diſtinctions ſuivantes.

Si la ſubſtitution eſt conçûë en termes directs, tels que ceux-ci : *quandocùmque filius deceſſerit, Titius heres eſto* ; ils ſoutiennent, qu'elle renferme la pupillaire expreſſe, & que par conſéquent elle exclut la mére de la Légitime même.

Si elle eſt conçûë en termes obliques, & précaires , comme : *rogo, ut Titio hereditatem reſtituat*, la plûpart demeurent d'accord , qu'elle eſt dans tous les tems regardée , comme fidéicommiſſaire , par raport aux droits de la mére.

Que ſi enfin la ſubſtitution eſt conçûë en termes communs aux deux eſpèces de ſubſtitutions, comme ceux-ci, *je ſubſtituë*, &c. en ce cas, ces Docteurs

(A) V. Fuſarius, *De Subſtit. Queſt.* 240. *& ſeq.*

ſont encore partagez en trois opinions différentes.

La premiére veut, que dans tous les tems, la ſubſtitution paſſe pour fidéicommiſſaire, & qu'en conſéquence on ajuge à la mére, non ſeulement la Légitime, mais encore la Quarte Trébellianique. (*A*) Il y a même un Statut ancien conforme pour la Provence. (*B*)

La ſeconde eſt, que ſi l'enfant meurt en pupillarité, la ſubſtitution doit paſſer pour pupillaire, & exclure la mére, même de la Légitime. (*C*)

La troiſiéme enfin a pris un milieu entre les deux premiéres; en ajugeant la Légitime à la mére, & en lui refuſant la Trébellianique.

Ce parti a été ſuivi par les Parlemens de Toulouſe, de Dauphiné & de Bourdeaux; (*D*) & je ne vois pas que

(*A*) V. du Moulin, *in Decium*, *ad L. Precibus.* 8. *Cod. De Impub. & al. Subſtit. & in Alexandr. Conſil.* 12. & 17. *Lib.* 3. Theſaurus, *Deciſ.* 200. *n.* 4.

(*B*) V. le Commentateur d'Henrys, *Tom.* 2. *Pag.* 554.

(*C*) Mr. Cujas, *in L. ult. Cod. De Inſtit. & Subſtit. & in dict. L. Precibus.* Donellus, *in eand. L. Precibus.* Fachin. *Controv. Lib.* 4. *Cap.* 45. Mr. Favre, *Conject. Lib.* 15. *Cap.* 9. & ſeq. Ricard, *des Subſtit. Part.* 1. *Ch.* 2. *n.* 60. & ſuiv. & *Ch.* 5. *n.* 222.

(*D*) V. le Commentateur d'Henrys, *ibid.*

la Jurisprudence du Parlement de Paris soit contraire ; puisqu'il ajuge en ce cas aux méres les avantages, qui leur font accordez par l'Edit de Saint-Maur. (*A*) Ce qui est autant, que leur accorder une Légitime.

C'est aussi l'usage du Sénat de Chambery, suivant le témoignage de M^r. le Président Favre, (*B*) qui en reconnoissant cette Jurisprudence pour équitable, ne laisse pas de soutenir, qu'elle est contraire aux régles. En quoi il me paroît que ce grand Magistrat s'est trop laissé ébloüir à ses préjugez, qui l'ont porté à exclure la mére de la Légitime au cas de la pupillaire expresse. D'où il a voulu conclure, qu'il en devoit être de même de la compendieuse.

Si on se rapelle les principes, qui ont été établis en l'Article VII. on verra, que dans l'un de ces cas, comme dans l'autre, par la prétérition de la mére, la substitution devient fidéicommissaire ; & que par conséquent la mére doit avoir sa Légitime, sans pouvoir pour cela pré-

---

(*A*) V. Henrys, *Tom.* 2 *Liv.* 5. *Quest.* 7.
(*B*) *Cod. Lib.* 6. *Tit.* 8. *Def.* 2.

tendre la Quarte Trébellianique, qui n'eſt point dûë aux aſcendans.

Comme nôtre Parlement l'a jugé de la ſorte, au cas de la Pupillaire expreſſe, on peut bien croire, qu'il ne s'écarteroit pas de ces principes, au cas de la compendieuſe.

Bouvot cependant (*A*) a raporté un Arrêt du 12 Janvier 1615, qui pouroit paſſer pour contraire, ſi je n'en rétabliſſois ici les véritables circonſtances, telles que je les ai tirées, tant des Mémoires manuſcrits, qui ſont entre mes mains, de Me. Jacques Le Belin, habile Avocat de ce tems-là, que de l'Arrêt même, que j'ai vû aux Régitres de la Cour.

Le nommé Chambard, Notaire à Semur en Brionnois, avoit été bleſſé à mort par un Particulier. Il fit ſon teſtament, où après avoir laiſſé quelques ſommes à Benoîte Mignaud ſa femme, il nomma pour ſon héritier univerſel un fils, qu'il avoit d'elle en bas âge, avec cette clauſe, *qu'où ſon fils décéderoit ſans enfans, il lui ſubſtituoit les enfans de Jean*

(*A*) Tom. 2. Pag. 1055.

Chambard son frere. Après sa mort, sa veuve composa avec celui, qui l'avoit tué, pour quarante écus, qui furent donnez à son fils, & se remaria ensuite. Son fils étant mort en pupillarité, elle prétendit ces quarante écus, au préjudice des héritiers substituez, ausquels néanmoins ils furent adjugez par provision, & à caution, par le Bailliage de Semur, & au principal il fut dit, que les Parties seroient plus amplement oüies. Sur l'apel de cette Sentence, la Cour par Arrêt donné à l'Audiance, mit l'apellation au néant.

Il est évident, qu'on ne peut faire aucun fonds sur cet Arrêt, puisqu'il ne fit que confirmer un Jugement provisionel ; & cela dans un cas, où la mère n'avoit pas une cause trop favorable. Il faut néanmoins, que la Cour trouvât le fonds douteux, puisqu'elle ne l'évoqua pas à l'Audiance. Ainsi ce préjugé n'est d'aucune considération. En voici un autre, qui peut mériter plus d'attention, & que j'ai vû sur les Régitres de la Cour.

Christophle Collinet, Marchand à

Seurre, avoit inſtitué l'enfant, dont Eliſabeth Mercier ſa femme étoit groſſe, avec cette clauſe, *qu'en cas qu'il viendroit à décéder avant l'âge de vingt-cinq ans, il lui ſubſtituoit Marie Noirot.* Par le même teſtament, il avoit légué à ſa femme ſes Meubles & Acquêts, & avoit ajoûté, *que le cas de la ſubſtitution arrivant, elle auroit ſa vie durant l'uſufruit de ſes immeubles, ou la ſomme de* 1000 *livres à ſon choix.* Après ſa mort, ſa veuve accoucha d'un fils, qui ſurvêcut peu à ſon pére. Elle prétendit prélever ſur la ſucceſſion de ce fils, nonſeulement ce qu'elle tenoit de la liberalité de ſon mari, mais encore ſa Légitime, avec la Trébellianique. Mais elle en fut déboutée par Arrêt donné au raport de Mr. Berbis, le 7 Décembre 1660, en la Chambre des Enquêtes.

En effet, ſuivant les principes établis ci-deſſus, Art. VII. il ne lui étoit point dû de Trébellianique.

Et pour ce qui eſt de la Légitime, la Cour jugea, que le pére y avoit ſuffiſamment pourvû par l'avantage particulier, qu'il lui avoit fait, le cas de la subſtitution arrivant. Il eſt vrai, que ſi cet avantage avoit été au deſſous de ſa Légitime, elle auroit pû en demander le ſuplément. Mais comme elle n'y avoit pas conclu, c'étoit une marque, qu'il n'y avoit pas lieu de le demander.

Ce qui pouvoit faire le plus de difficulté, étoit, que cet avantage n'avoit pas été laiſſé à la mére à titre d'inſtitution, quoique nôtre Coutume (*A*) l'exige, à peine de nullité.

Mais quoique la ſubſtitution pupillaire, étant proprement le teſtament du fils, paroiſſe n'être pas moins ſujette à cette formalité, que les autres teſtamens, la Cour jugea ſans doute, qu'il y auroit trop de dureté d'y aſtraindre les péres, lorſqu'ils diſpoſent pour leurs enfans ; & cette déciſion me paroît auſſi juſte, que remarquable.

(*A*) *Tit. des Succeſſ. Art. 3.*

ARTICLE

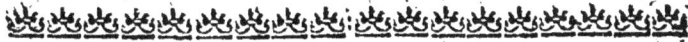

ARTICLE X.

Comment doit être réglée la Légitime de la mére, au cas de la ſubſtitution pupillaire.

POur l'éclairciſſement de cette matiére, qui eſt très intriguée, il eſt à propos de rapeller ici en peu de mots les maximes, qui y doivent ſervir de régle.

Il eſt certain, que par les Loix la Légitime eſt une quotité de la portion, qu'on auroit eu droit de prétendre *ab inteſtat.* (*A*) C'eſt un principe, qu'il ne faut point perdre de vûë.

Cette quotité étoit anciennement fixée au quart de la portion héréditaire. Mais Juſtinien, par le Chapitre I. de ſa Novelle 18, l'a portée au tiers, quand les enfans ne ſont pas en plus grand nombre, que de quatre; & à la moi-

(*A*) *L. Papinianus. 8. §. 6. ff. De Inoff. teſt. L. Quæ nuper. 31. Cod. Eod. Tit. §. 3. Inſtit. Eod. Tit. L. 2. Cod. De Inoff. Donat.*

D d

tié, quand ils font cinq, ou davantage.

Il y a eu difpute entre les Docteurs,
(A) pour fçavoir fi la difpofition de
cette Novelle devoit être étenduë à la
Légitime des afcendans, comme à celle
des defcendans. Mais il eft furprenant,
qu'on en ait pû douter. Car encore que
la Novelle ne parle d'abord, que des
enfans, elle ajoute à la fin du Chapitre
I. *Hoc obfervando in omnibus perfonis,
in quibus ab initio antiquæ quartæ ratio
de inofficiofo Lege decreta eft.* Puis donc
que les afcendans avoient auparavant
droit d'intenter la Plainte d'inofficiofité, pour raifon de leur Légitime, il
eft évident qu'ils ont été compris dans
la difpofition de la Novelle.

Auffi eft-ce le fentiment des meilleurs
Interprétes; (B) & il a été univerfelle-
ment reçû dans tous les Tribunaux. (C)

(A) V. Merlin, *De Legitimâ*, Lib. 1. Tit. 3. *Quæft.* 4.

(B) Mr. Cujas, *in Novell.* 18. Donellus, *Comment. Jur.
Civ. Lib.* 19. *Cap.* 4. Mr. Favre, *De Error. Pragm. Decad.*
11. *Err.* 9. *n.* 6.

(C) Mr. Maynard, *Liv.* 5. *Ch.* 11. Charondas, *Refp.
Liv.* 9. *Ch.* 5. Chorier, *Jurifp. de Guy Pape*, Pag. 192.
193. Domat, *Loix Civ. Tom.* 3. *Liv.* 3. *Tit.* 3. *Sect.* 2.
n. 6.

Ce qui peut faire plus de doute, eſt ſi la Légitime des aſcendans doit être portée à la moitié de ce qu'ils auroient eu *ab inteſtat*, dans le cas énoncé en la Novelle ?

Il y a eu en effet des Docteurs, (*A*) qui ont tenu la négative, ſur le fondement, qu'il eſt difficile, que les aſcendans ſe rencontrent plus de quatre enſemble en concurrence.

Mais cela n'eſt pas impoſſible, comme l'a fait voir le docte Fernand. (*B*) Et d'ailleurs il ſuffit, qu'ils puiſſent concourir avec les fréres du défunt. Car, comme les aſcendans ſont compris en ce cas dans le nombre de cinq, qui fait porter la Légitime à la moitié en faveur des fréres, il eſt juſte qu'ils en profitent eux-mêmes, & que leur part ſoit égale à celle des fréres. Et c'eſt auſſi le ſentiment de Mr. Cujas, ſur la Novelle 18, & de pluſieurs autres. (*C*)

(*A*) V. Merlin, *De Legitimâ. Lib.* 1. *Tit.* 3. *Quæſt.* 4. *n. ult.* Mr. Favre, *Loc. cit.*

(*B*) *Repet. L. in Quartam. ſecunda Præfat. Sect.* 2. *n.* 17.

(*C*) Bereng. Fernand. *Loc. cit.* Donellus, *Comment. Jur. Civ. Lib.* 19. *Cap.* 4. Card. Thuſc. *Litt. L. Concl.* 185. *n.* 9. Leyven, *Cenſur. For. Lib.* 3. *Cap.* 4. *n.* 13.

Il suit de ces principes , que si la mére se trouve la seule héritiére *ab intestat* , & qu'elle ait été instituée en sa Légitime, elle a droit de prétendre pour cela le tiers de toute la succession de son fils.

Mais s'il y a avec elle des fréres, ou sœurs germains, qui auroient concouru avec elle en la succession *ab intestat*, en vertu de la Novelle 118 , quelle sera la quotité de la Légitime de la mére ? On distingue communément à ce sujet deux cas.

Le premier est , quand la mére a été instituée en sa Légitime seulement , & les fréres germains au reste des biens, ou du moins en leur Légitime. En ce cas, il n'y a aucun doute , que la Légitime de la mére ne soit le tiers , ou la moitié de ce qu'elle auroit eu *ab intestat*, suivant le nombre des héritiers légitimes ; & c'est même l'avis de Balde , sur la Loi *Planè*. 34. §. *Si duobus*. *ff. De Legat*. 1. quoique Mr. d'Olive (A) l'ait crû d'un sentiment contraire.

Le second cas est celui, où le fils a

(A) *Liv*. 3. *Ch*. 9.

inſtitué ſa mére en ſa Légitime , & un étranger au reſte de ſes biens , ſans rien laiſſer à ſes fréres germains. Et c'eſt ici, où il y a un grand conflit entre les Doc-teurs ; *(A)* les uns prétendant , que la Légitime de la mére n'eſt que le tiers de ce qu'elle auroit eu en la ſucceſſion *ab inteſtat* , concurremment avec les fréres ; les autres ſoutenant au con-traire , qu'elle doit être du tiers du tout.

Le ſentiment des premiers , qui a été embraſſé par Bartole , *(B)* & par un grand nombre d'autres , *(C)* me paroît fondé ſur des principes , qu'il n'eſt guére poſſible d'ébranler.

La Légitime , comme on l'a établi ci-deſſus , a été fixée par les Loix au tiers , de ce qu'on auroit eu *ab inteſtat.* Si donc le fils n'avoit point teſté , la mére n'auroit eu en ſa ſucceſſion ,

(A) V. Merlin , *De Legitimâ, Lib.* 1. *Tit.* 4. *Queſt.* 7. Mr. d'Olive , *L.* 3. *Ch.* 9.

(B) *In L. Pater filium.* 14. ff. *De Inoff. teſt. & paſſim.*

(C) Outre ceux , qu'a citez Merlin , *De Legitim. Lib.* 1. *Tit.* 4. *Queſt.* 7. *n.* 7. V. Mr. Favre , *De Error. Pragm. De-cad.* 15. *Err.* 4. Fachin. *Controv. Lib.* 4. *Cap.* 29. Ant. Theſaur. *Deciſ.* 172. Henrys , *Tom.* 1. *Liv.* 6. *Ch.* 5. *Queſt.* 16. *& Tom.* 2. *Liv.* 6. *Queſt.* 12.

qu'une part égale à celle des fréres germains, qui auro.: été le tiers du tout, si ces fréres avoient été au nombre de deux. Ainsi la Légitime de la mére ne peut être que le tiers de ce tiers.

Si on lui donnoit le tiers du tout, il en résulteroit une grande absurdité; en ce que la mére auroit autant pour sa Légitime, qu'elle auroit eu *ab inteſtat*. Souvent même elle auroit davantage, comme dans le cas, où il y auroit trois fréres. Car en succédant *ab inteſtat* avec eux, elle n'auroit eu, que le quart du tout, & il se trouveroit qu'elle en auroit le tiers pour sa Légitime. Ce qui répugne au bon sens, & anéantiroit la régle, si souvent répetée dans les Loix, que la Légitime est le tiers de ce qu'on auroit eu *ab inteſtat*.

Malgré l'évidence de ces raisons, Balde (*A*) entreprit autrefois de soutenir l'opinion contraire, & le fit avec tant de succès, qu'il entraîna presque tous les Ultramontains. Il a trouvé aussi parmi nos Jurisconsultes François des partisans de grand nom, tels que M⁰.

(*A*) In Auth. Noviſſima. Cod. De Inoff. teſt. n. 10.

Cujas, (*A*) Ricard, & pluſieurs autres.

Et ce qu'il y a de plus fort, c'eſt que ſon opinion a été reçûë, non-ſeulement dans la plûpart des Tribunaux étrangers ; (*B*) mais même dans preſque tous ceux de France.

Le Parlement de Paris ſuivoit autrefois à la vérité l'avis de Bartole. (*C*) Mais ſes derniers Arrêts ont adjugé à la mére le tiers de toute la ſucceſſion.

Cette derniére Juriſprudence a toujours été celle du Parlement de Toulouſe ; (*D*) malgré ſa déférence pour les ſentimens du célébre Bérenger Fernand, qui a fortement ſoutenu le contraire. (*E*)

La même choſe s'eſt toujours obſer-

(*A*) Mr. Cujas, *in Novell.* 18. Ricard, *des Donat. Part.* 3. *n.* 1024. *& ſuiv.* Domat, *Loix Civil. Tom.* 3. *Liv.* 3. *Tit.* 3. *Sect.* 2. *n.* 6. Le Commentateur d'Henrys , ſur les paſſages dudit Henrys cy-deſſus citez.

(B) V. Mr. Expilly , *Arr.* 176. Mr. Favre , *Cod. Lib.* 6. *Tit.* 8. *Def.* 22.

(C) V. Henrys, & ſon Commentateur , *Tom.* 1. *Liv.* 6. *Ch.* 5. *Queſt.* 16. *& Tom.* 2. *Liv.* 6. *Queſt.* 12. Ricard, *des Donations , Part.* 3. *n.* 1028. Le Journal du Palais , *Tom.* 9. *Pag.* 222.

(D) V. Mr. d'Olive , *Liv.* 3. *Ch.* 9.

(E) *Repet. L. in Quartam, ſecundâ Præf. Sect.* 2. *n.* 4. *& 16.*

vée aux Parlemens de Provence, *(A)* &
de Guienne. *(B)* Mais l'ufage de ce dernier ne peut tirer à conféquence ; parce qu'il eft particuliérement fondé fur
les Articles LVII. & LXIV. de la Coutume de Bourdeaux, où il s'en trouve
une difpofition expreffe.

Les Arrêts du Parlement de Grenoble n'ont pas toujours été uniformes
fur ce point. *(C)* Deux anciens s'é-
toient conformez à l'opinion de Balde.
Celle de Bartole fut fuivie par un autre de 1629. Mais enfin par un quatriéme de l'année 1641, donné les
Chambres confultées, on revint à l'ancienne Jurifprudence, qui n'a plus varié depuis.

Pour ne rien déguifer des raifons des
partifans de ce fentiment, voici leur
grand argument. Le frére, qui eft prétérit par fon frére germain, doit être
tenu pour exhérédé. Or les héritiers

(A) V. Mourgues, *fur les Statuts de Provence, Pag.*
223. 224.
(B) V. Automne, *fur l'Art.* 57. *de la Cout. de Bour-
deaux.* La Peyrére, *Lett. L. n.* 36.
(C) V. Mr. Expilly, *Arr.* 176. Baffet, *Tom.* 1. *Liv.* 5.
Tit. 11. *Ch.* 1. Chorier, *Jurifp. de Guy Pape, Pag.* 193.

légitimes

légitimes qui ſont exhérédez, ſont tenus pour morts, quand il s'agit de régler la Légitime. Donc pour fixer la quotité de celle de la mére, il faut écarter les fréres, de même que s'ils n'étoient point au monde. Ainſi, ne reſtant plus que la mére, elle doit avoir le tiers du tout, parce que le tout lui auroit apartenu, s'il n'y avoit point eu de fréres. C'eſt ainſi, que raiſonne Mr. Cujas. *(A)*

On ajoute à cela, que par les Loix la part de l'héritier exclus, ou qui répudie, accroit à celui, qui n'eſt pas exclus. Ainſi la portion des fréres, prétérits par leur frére, apartenant par droit d'accroiſſement à la mére, il s'enſuit qu'elle doit avoir le tiers du tout.

Mais le droit d'accroiſſement ne ſert de rien ici. Car il ne peut avoir lieu, qu'entre ceux, à qui les Loix accordent l'action d'Inofficioſité : *Juri accreſcendi locus dari non poteſt, niſi ab initio utriſque querela competierit.* *(B)* Or les

<hr>

(A) *In Novell.* 18.

(B) Ce ſont les termes de Vinnius, *Select. Juris Quæſt. Lib.* I. *Cap.* 21. conformément aux principes établis par Duarein, *De Jure accreſcendi, Lib.* I. *Cap.* 14. par Donellus, *Comment. Jur. Civ. Lib.* 19. *Cap.* 4. *& 9. & ibi Hilliger.*

fréres prétérits ne font point du nombre de ceux, à qui ce lecours eft oc-
troyé ; à moins que leur frére confan-
guin n'ait inftitué une perfonne in-
fâme, *L. 27. Cod. De Inoff. teft.* Ainfi
en tout autre cas leur droit ne peut ac-
croître à la mére.

Et la même raifon fert de réponfe à
l'autre argument, tiré de ce que les héritiers exhérédez font tenus pour morts.
Car cela n'eft vrai, tout au plus, qu'à
l'égard de ceux, qu'on eft obligé d'inftituer, ou d'exhéréder ; *(A)* & même
de ceux, qui fe trouvent avoir été jufte-
ment deshéritez. *(B)* Encore un des plus
fçavans Avocats, *(C)* qui ait été au
Parlement de Paris, a-t-il fait une belle
Differtation, pour montrer que la plûpart
des Interprétes, & entr'autres M^r. Cujas, s'étoient fort trompez, lorfqu'ils ont
foutenu, que les exhérédez ne doivent
point être comptez, pour régler la quo-

(A) Duarein, Donellus, & Vinnius, aux lieux citez.

(B) V. Peregrin, *De Fideicomm. Art.* 38, *n.* 11. Fer-
riere, fur Guy Pape, *Queft.* 295. &c.

(C) Defider. Heraldus, *De Rer. judicat. auctor. Lib.* 2.
Cap. 14.

tité de la Légitime. Ce qu'il en a écrit mérite fort d'être vû.

D'ailleurs aucun des Juriſconſultes, qui ont ſuivi l'opinion de Balde, n'a pû répondre pertinemment à l'abſurdité, qu'on a remarquée ci-deſſus, & qui naîtroit de leur ſentiment ; ſçavoir, que la Légitime de la mére ſeroit plus forte, que ſa part *ab inteſtat.* Ce qui rend leur opinion entiérement inſoutenable, comme l'a très-bien obſervé Mr. le Préſident Favre. (*A*)

Me. Jean Marie Ricard, (*B*) en convenant de ces principes, ne laiſſe pas de ſe déterminer à l'avis de Balde, par cette ſeule conſidération, que *le Droit de concours ayant été donné aux fréres germains par un privilége particulier, ſi ce privilége vient à ceſſer, les choſes retournent au Droit commun. Ainſi les aſcendans ſont fondez à prétendre toute la ſucceſſion, & par une ſuite néceſſaire leur Légitime à proportion, lorſqu'ils s'y trouvent réduits.*

Mais ce raiſonnement roule ſur un

(*A*) De Error. Pragmat. Decad. 15. Err. 4. n. 10.
(*B*) Des Donations, Part. 3. n. 1024. & ſuiv.

faux principe. Loin que le concours *ab inteſtat* avec la mére ait été donné par un privilége particulier aux fréres germains, ils excluoient au contraire par l'ancien Droit, (*A*) non-ſeulement la mére, mais le pére même ; & c'eſt par un privilége particulier introduit par la Novelle 118, que les aſcendans ont été admis au concours avec eux. Ainſi, le motif, qui a touché Ricard, n'eſt d'aucune conſidération.

Un Auteur moderne, (*B*) qui malgré ſa connoiſſance exacte des Loix, n'a pas laiſſé de ſe laiſſer ébloüir au raiſonnement de Ricard, dit pour defendre ſon opinion, que ceux, qui la tiennent, *peuvent convenir, ſans bleſſer leur cauſe, que la Légitime doit être une portion de ce qu'on auroit* ab inteſtat, *en y ajoutant, ce qui eſt de bon ſens,& me paroît très-juſte, que cette régle doit s'entendre de la portion, qu'auroit celui, qui demande une Légitime, s'il ſuccédoit ſeul* ab inteſtat, *ou qu'il n'y eut avec lui, que des per-*

(*A*) *L. ult. Cod. Commun. De Succeſſ. L. Quæcumque.* 4. *Cod. De bonis, quæ liber.*

(*B*) Domat, *Loix Civil. Tom.* 3. *Liv.* 3. *Tit.* 3. *Sect.* 2. *n.* 6.

ſonnes, à qui il ſeroit auſſi dû une Légitime.

Mais cela s'apelle anéantir les Loix,
au lieu de les expliquer. Car quand elles
ont donné pour meſure générale , &
invariable à la Légitime, le tiers de ce
qu'on auroit *ab inteſtat*, elles n'y ont
point mis d'exception , ni marqué que
ce ſeroit en ſupoſant, qu'on auroit ſuc-
cédé ſeul. Autrement elles auroient
donné une autre meſure à la quotité
de la Légitime, en diſant que ce ſeroit toujours le tiers de la ſucceſſion.
Ce qui auroit été abſurde; puiſque trois
légitimaires auroient abſorbé l'hoirie,
& que quatre n'y auroient pas trouvé
de quoi ſe payer.

Lorſque Juſtinien a admis les aſcendans au concours avec les fréres , pour
la ſucceſſion *ab inteſtat* du frére germain , il n'a aucunement renverſé l'ordre , & les principes des Légitimes ,
comme ſe l'eſt imaginé cet Auteur. Il
en prévoyoit bien ſans doute les conſéquences , par raport au cas, dont il
s'agit , & n'a pas crû , que cela dût
l'empêcher de faire une Loi auſſi juſte,

que celle du concours, ni l'obliger à changer la régle fondamentale des Légitimes, pour un cas, qui arrive rarement,& où l'inconvénient eſt médiocre.

En effet, ſupoſons avec ce même Auteur, qu'un teſtateur ait avec ſa mére laiſſé onze fréres, & 12000 livres de biens. S'il n'y avoit point eu de teſtament, ils auroient eu chacun 1000 livres. Les fréres n'ayant rien par le teſtament, & la mére étant réduite à ſa Légitime, on demande à quoi cette Légitime doit monter ? En la mettant, ſuivant nôtre avis, non au tiers d'un douziéme, comme le croit cet Auteur, mais à la moitié, à cauſe du nombre des enfans, elle ſera de 500 livres. La différence ne ſera donc pas ſi grande. Et d'ailleurs, quand elle le ſeroit, il n'y auroit pas plus d'inconvénient à cela, que quand un pére de famille, qui a douze enfans, en réduit onze à leur Légitime.

Voyons au contraire ce qui arriveroit, en ſuivant l'avis de Balde. La mére *ab inteſtat* n'auroit que 1000 livres. Si les fréres par le teſtament étoient

inſtituez comme elle en leur Légitime,
ils auroient chacun 500 livres. Mais ſi
les fréres étoient prétérits, & la mére
inſtituée en ſa Légitime, elle auroit
4000 livres. Ainſi elle en tireroit quatre fois plus, qu'*ab inteſtat*, & huit fois
plus, que ſi elle avoit ſa Légitime ordinaire. Or qui ne ſent l'abſurdité de
cette différence ?

Et c'eſt en vain, qu'on dit qu'il eſt
de l'interêt des fréres, de groſſir la Légitime de la mére, à laquelle ils peuvent un jour ſuccéder. Car ce n'eſt
point par leur interêt, que cela doit
ſe régler. Les Loix ayant laiſſé aux teſ-
tateurs la liberté de diſpoſer de leurs
biens, à la charge de laiſſer la Légitime
à ceux, qui ont droit de la prétendre,
cette liberté ne doit pas être reſtrain-
te au delà des bornes, que ces mêmes Loix ont preſcrites, & qui ſont
égales pour les uns, comme pour les
autres. Puis donc qu'elles ont fixé le ta-
rif de la Légitime au tiers de la ſucceſſion *ab inteſtat*, il n'y a plus, qu'à conſidérer l'état, où cette ſucceſſion auroit
été, & faire ſon calcul ſur ce pied.

Pour ce qui est de la différence , que font les Parlemens de Paris , & de Toulouse , entre le cas , où le testateur a institué un de ses fréres , & celui , où il a institué un étranger ; donnant le tiers de la succession à la mére en ce dernier cas , & le tiers du tiers seulement au premier ; elle ne paroît apuyée sur aucun fondement solide. Car il est inoüi en Droit , que la part du légitimaire soit réglée par la qualité de l'héritier institué. Etablir donc une telle régle , *c'est plûtôt supléer le Droit , que le suivre* , comme Henrys (*A*) n'a pas craint de l'avancer ; ou pour mieux dire , c'est renverser les principes , & rendre la Jurisprudence arbitraire.

Je me suis au reste étendu sur cette matiére , non-seulement à cause de son importance ; mais encore pour justifier l'usage de nôtre Parlement , qui a toujours restraint la Légitime de la mére au tiers du tiers , encore même que l'héritier institué fût un étranger. J'en ai vû deux Arrêts très-remarquables.

Le premier fut donné au raport de

(*A*) *Tom.* 1. *Liv.* 6. *Ch.* 5. *Quest.* 16. sur la fin.

Mr.

Mr. Milletot, le 11 Février 1616, en exécution de celui de 1612, dont il a été fait mention ci-deſſus en l'Article VII, & qui avoit adjugé à Claire de la Béviére la Légitime dans les biens d'Antoine Bachet ſon fils, nonobſtant la ſubſtitution pupillaire, contenuë au teſtament de Jean Bachet ſon mari, au profit de deux de ſes fils du prémier lit. Comme ces deux fils n'auroient point concouru avec elle en la ſucceſ-ſion *ab inteſtat* d'Antoine Bachet, ils devoient être regardez, par raport au réglement de la Légitime, comme des étrangers. Et cependant par l'Arrêt la Légitime de la mére fut réglée au tiers du tiers. Il eſt cité par un des Commentateurs de nôtre Coutume ; (*A*) mais avec peu d'exactitude.

Dans le ſecond Arrêt, qui fut rendu en la Chambre des Enquêtes, au ra-port de Mr. Maleteſte, le 23 Février 1701, il s'agiſſoit de la Légitime de la Dame de Saint Pol, du Pays de Breſſe, en la ſucceſſion de ſon fils, qui avoit laiſſé deux fréres vivans, auſquels il

(*A*) Chevanes, *Pag.* 231. 232.

F f

n'avoit rien donné, & inſtitué un étranger. Néanmoins il fut jugé au profit
des Sieurs du Port, que la Légitime de
la mére devoit être fixée à la même
proportion, que par le précédent Arrêt.
Celui-ci me fut communiqué en ce
tems-là par Mr. le Raporteur, qui étoit
un très-grand Magiſtrat, & qui diſcu-
ta parfaitement bien cette queſtion.

Je ne m'arrête pas à l'Arrêt de 1669,
raporté par Taiſand ſur nôtre Coutume,
(*A*) & qu'il dit avoir jugé la même
choſe. Car, encore que cet Auteur ne
nous aprenne pas, de quel Pays étoient
les Parties, on ſent aſſez par la diſtinction, qui fut faite par l'Arrêt, entre
les biens Anciens, & les autres, que le
procès étoit né en Pays Coutumier. Or
nôtre Coutume ayant par un Article
exprès fixé la Légitime au tiers des
biens, qu'on auroit eu *ab inteſtat*, on
ne comprend pas comment ce Commentateur a pû douter, comme il a fait,
ſi ce préjugé ſerviroit de régle à l'a-
venir.

Mais, quoique les Arrêts, dont on

(*A*) *Tit.* 7. *Art.* 7.

vient de parler, ayent ſuffiſamment
marqué nôtre uſage, pour le réglement
de la quotité de la Légitime de la mére
aux Pays de Droit Ecrit, il y a néanmoins une attention à faire, par raport
au cas de la ſubſtitution pupillaire.

L'on a vû ci-deſſus en l'Article VII,
que nonobſtant la prétérition de la
mére, cette eſpèce de ſubſtitution,
quoique expreſſe, ne laiſſoit pas d'être
conſervée, comme fidéicommiſſaire.
Ce qui doit à plus forte raiſon avoir
lieu au cas de la pupillaire tacite, &
de la compendieuſe.

Mais en la ſupoſant convertie en fidéicommiſſaire, il eſt important de ſçavoir, quelle eſt en ce cas la perſonne
chargée de fidéicommis. Car, ſi c'étoit
le pupille, il auroit droit de retenir
ſur les biens ſubſtituez, tant ſa Légitime, que la Quarte Trébellianique,
qui paſſeroient à ſes héritiers *ab inteſtat,*
de même que les biens propres, qu'il
auroit eu d'ailleurs, que de ſon pére.
Ainſi le tout apartiendroit à ſa mére,
ſi elle ſe trouvoit ſa ſeule préſomptive
héritiére.

Mais ce n'eſt point ainſi, que l'a entendu le Juriſconſulte Scévola, dont
la déciſion (*A*) nous ſert de régle en
cette matiére, comme il a été dit en
l'Article VII. Car, ſuivant ce Juriſconſulte, on ſupoſe que le pupille, par la
bouche de ſon pére, a chargé ſa mére,
de rendre ſa ſucceſſion à l'héritier ſubſtitué, comme par forme de fidéicommis : *Benignâ interpretatione placet, ut
mater, quæ ab inteſtato pupillo ſucceſſit,
ſubſtitutis fideicommiſſo obligetur.*

D'où il ſuit, qu'elle ne peut prétendre ſur les biens du pupille plus que ſa
Légitime. Mais auſſi a-t-elle droit de
la retenir ſur tous les biens, qui ont
apartenu à ſon fils ſans diſtinction, ſuivant la déciſion de la Gloſe ſur la même Loi, de Mr. Cujas, (*B*) & de preſque tous les Interprétes.

Que ſi d'autres, comme Menoche,
(*C*) ont ſoutenu, que les droits de la
mére, au cas de la pupillaire expreſſe,
devoient être reſtraints au tiers de la

(*A*) *L. 76. ff. Ad Sc. Trebellian.*
(*B*) *in L. 9. ff. De Vulg. & Pupill.* qui eſt de Papinien.
(*C*) *De Præſumpt. Lib.* 4. *Cap.* 38. *n.* 3. 4.

Légitime, que le pupille auroit pû prétendre lui-même en la ſucceſſion de
ſon pére, ils n'ont parlé de la ſorte, que
ſuivant le préjugé, où ils étoient, que
cette ſubſtitution ſubſiſtoit, comme
directe, malgré la prétérition de la
mére. Ils voyoient que l'opinion commune, ſuivant laquelle la mére n'avoit
rien à prétendre en ce cas en la ſucceſſion de ſon fils, avoit pris de trop fortes racines de leur tems, pour pouvoir
eſpérer d'obtenir pour elle une Légitime entiére. Ainſi, quoique perſuadez
qu'il lui en étoit dû une, ils n'oſoient
la porter plus loin, que le tiers de la
Légitime du pupille. Ce qui réduiſoit
le droit de la mére à ſi peu de choſe,
qu'il auroit preſque autant valu ne lui
rien donner.

D'ailleurs leur ſentiment péche ma-
nifeſtement contre les principes. Car
puiſque la Légitime eſt certainement
le tiers de ce qu'on auroit *ab inteſtat*,
pour régler celle de la mére, il faut
conſidérer l'état, où auroit été la ſucceſſion du pupille, s'il étoit mort, ſans
que ſon pére eut teſté pour lui par la

voie de la substitution pupillaire. Or
en ce cas la mére auroit trouvé en sa
succession, non-seulement la Légitime
de ce fils dans les biens du pére, mais
tout ce qu'il auroit eu de son pére sans
exception. Ainsi le tiers du tout est la
vraie Légitime de la mére.

Et il ne faut pas dire, que le pére
auroit pû réduire son fils à sa Légitime,
& le charger de fidéicommis pour le
surplus de ses biens. Auquel cas la mére
n'auroit pû rien prétendre à ce surplus.
Car il n'est pas question de ce qu'auroit pû faire le pére; mais de ce qu'il
a fait. Il a voulu disposer au nom de
son fils, & non le charger de fidéicommis. Il a désiré de disposer par ce moyen,
non-seulement de ses propres biens,
mais encore de ceux du pupille. Il faut
donc considérer la nature de l'acte, qu'il
a fait, pour juger de l'effet, qu'il doit
produire.

Si le pére avoit fait une substitution
fidéicommissaire, il est vrai, que la mére
n'auroit pû prendre sa Légitime, que
sur les deux Quartes, dont la détraction auroit pû être demandée par son

fils , & peut-être même ſur la Légitime
ſeule , ſupoſé que la détraction de la
Trébellianique eût été prohibée par le
pére. Mais auſſi la mére auroit eu tous
les biens propres du pupille , & auroit
pû être dédommagée par-là de ce qu'elle
auroit perdu d'ailleurs.

Il faut donc accorder à la mére ſa
Légitime ſur tous les biens du pupille,
ſans diſtinction ; & c'eſt ainſi en effet,
que Mᵉ. Charles du Moulin (*A*) a fait
l'aplication de la déciſion du Juriſconſulte Scévola au cas de la ſubſtitution
pupillaire , en ces termes : *Si ſubſtitu-*
tio facta ſit in formâ directæ pupillaris,
quamvis ex naturâ Codicillorum obliq_ue-
tur , tamen in reliquo , quoad bona , non
reſtringitur ; ſed comprehendit omnia ju-
ra , non ſolùm patris , ſed etiam pupilli
undecumque. Quod ſi mater eſſet ſuperſtes,
poſſet deducere trientem , pro ſuâ Légiti-
mâ, de omnibus bonis , tam paternis , quàm
aliunde obventis.

Pour ne rien laiſſer en arriére , de ce
qui regarde la Légitime de la mére ,

(*A*) *In L.* 1. §. *Si quis ita.* ff. *De Verbor. oblig. n.*
80. 81.

l'on peut encore demander, si dans le
même teſtament, qui contient la ſubſtitution pupillaire, le pére ayant fait
quelques legs à ſa femme, elle devra
les imputer ſur la Légitime, qui lui
apartient en la ſucceſſion du pupille.

Cette queſtion a été propoſée par
les Docteurs (*A*) au ſujet de la ſubſtitution compendieuſe, ſur laquelle ils
conviennent, que la mére a droit de
prélever la Légitime. Mais, quoiqu'il
y ait entre eux quelque diverſité d'a-
vis, l'opinion la plus commune, &
la plus ſenſée, eſt de faire cette diſtinction.

Si le legs a été fait à la mére au cas,
que la ſubſtitution ait lieu, il ne faut
pas douter, qu'il ne ſoit fait en com-
penſation de la Légitime. Que ſi au
contraire le legs a été laiſſé par le pére,
pour être pris ſur ſes biens incontinent
après ſa mort, la mére n'eſt point tenuë de l'imputer ſur ſa Légitime; étant
cenſée le tenir de la libéralité de ſon
mari, & non de ſon fils.

(*A*) V. Fuſarius, *De Subſtitut. Queſt.* 242. *n.* 54. &
ſeq.

Et

Et nôtre Parlement l'a jugé ainſi par ſes Arrêts de 1612, & 1613, rendus au profit de la veuve du Sᵗ. Bachet de Meziriac, dont il a été parlé ci-deſſus pluſieurs fois. Car encore que par ſon teſtament, (*A*) qui contenoit une ſubſtitution pupillaire, il eût fait de grands avantages à ſa ſeconde femme, la Cour ſe contenta de les réduire à pareille portion, que celle, qu'auroit eu celui des enfans de ſon mari, auquel il avoit le moins laiſſé, ſans en ordonner l'imputation ſur la Légitime, qui fut ajugée à la mére ſur les biens de ſon fils, nonobſtant la ſubſtitution pupillaire. Ce qui paroît entiérement dans les régles.

(*A*) V. Bouyot, en ſes Arrêts, Tom. 1. Part. 1. Pag. 202. 203.

FIN,

Gg

TABLE.

PARTIE I.

TABLE.

PARTIE. II.

✦✦✦✦✦✦✦✦✦✦✦✦✦✦

APPROBATION.

J'Ai examiné, par Ordre de Monseigneur le Garde des Sceaux, un Ouvrage concernant *la Succession des Méres en vertu de l'Edit de Saint-Maur*, & je n'y ai rien trouvé, qui puisse en empêcher l'impression. Fait à Paris ce 25 Novembre 1725. Signé, R'ASSICOD.

PRIVILÉGE DU ROI.

LOUIS par la grace de Dieu, Roi de France & de Navarre: A nos amez & feaux Conseillers, les Gens tenans nos Cours de Parlemens, Maîtres des Requêtes ordinaires de nôtre Hôtel, Grand Conseil, Prevôt de Paris, Baillis, Sénéchaux, leurs Lieutenans Civils, & autres nos Justiciers, qu'il apartiendra, SALUT. Nôtre bien amé Antoine de Fay, Imprimeur & Libraire à Dijon, nous ayant fait remontrer qu'il souhaiteroit imprimer, ou faire imprimer, & donner au Public un *Traité, des Successions des Méres, pour la Province de Bourgogne, par nôtre cher & bien amé le Sieur Bouhier, Président à Mortier au Parlement de Dijon,* s'il Nous plaisoit lui accorder nos Lettres de Privilége sur

ce néceffaires : A CES CAUSES, voulant traiter favorablement ledit Expofant, Nous lui avons permis & permet-
tons par ces Prefentes, d'imprimer, ou faire imprimer ledit
Traité ci-deffus fpécifié, en tels volumes, forme, marge,
caractére, conjointement ou féparément, & autant de fois
que bon lui femblera, & de le vendre, faire vendre & débiter par tout nôtre Royaume, pendant le tems de huit années
confécutives, à compter du jour de la datte defdites Prefentes : Faifons défenfes à toutes fortes de perfonnes de quelque
qualité & condition qu'elles foient d'en introduire d'impreffion étrangére dans aucun lieu de nôtre obéiffance, comme à
tous Imprimeurs, Libraires & autres, d'imprimer, faire imprimer, vendre, faire vendre, débiter, ni contrefaire ledit Traité
ci-deffus expofé, en tout ni en partie, ni d'en faire aucuns
Extraits, fous quelque prétexte que ce foit, d'augmentation,
correction, changement de titre ou autrement, fans la per-
miffion expreffe & par écrit dudit Expofant, ou de ceux qui
auront droit de lui, à peine de confifcation des Exemplaires
contrefaits, de quinze cens livres d'amende contre chacun des
Contrevenans, dont un tiers à Nous, un tiers à l'Hôtel Dieu
de Paris, l'autre tiers audit Expofant, & de tous dépens, dommages & interêrs ; à la charge, que ces Prefentes feront en-
régiftrées tout au long fur le Régiftre de la Communauté
des Imprimeurs & Libraires de Paris, & ce dans trois
mois de la datte d'icelles ; que l'impreffion de ce Livre
fera faite dans nôtre Royaume, & non ailleurs, en bon
papier & en beaux caractéres, conformément aux Réglemens de la Librairie, & qu'avant que de l'expofer en vente,
le manufcrit ou imprimé qui aura fervi de copie à l'impreffion dudit Livre, fera remis dans le même état où l'Apro-
bation y aura été donnée, és mains de nôtre trés-cher &
féal Chevalier, Garde des Sceaux de France, le Sieur Fleuriau d'Armenonville, Commandeur de nos Ordres, & qu'il en
fera enfuite remis deux Exemplaires dans nôtre Bibliotéque
publique, un dans celle de nôtre Château du Louvre, & un
dans celle de nôtre trés-cher & feal Chevalier, Garde des Sceaux
de France, le Sieur Fleuriau d'Armenonville, Commandeur de
nos Ordres, le tout à peine de nullité des Prefentes ; du con-
tenu defquelles vous mandons & enjoignons de faire joüir
'Expofant ou fes ayant caufe, pleinement & paifiblement,

sans souffrir qu'il leur soit fait aucun trouble ou empêche-
ment : Voulons que la copie desdites Presentes, qui sera im-
primée tout au long au commencement ou à la fin dudit Livre, soit tenuë pour duëment signifiée, & qu'aux copies col-
lationnées par l'un de nos amez & feaux Conseillers & Secre-
taires, foi soit ajoutée comme à l'Original. Commandons au
premier nôtre Huissier ou Sergent de faire pour l'exécution d'icelles tous actes requis & nécessaires, sans demander
autre permission, & nonobstant clameur de Haro, Charte
Normande, & Lettres à ce contraires : Car tel est nôtre plai-
sir. Donne' à Paris le 29 jour du mois de Novembre l'an de
grace mil sept cens vingt-cinq, & de nôtre Regne le on-
zième. Signé, Par le Roi en son Conseil, N O B L E T.

*Régistré sur le Régistre VI. de la Chambre Royale des Li-
braires & Imprimeurs de Paris, N°. 224, fol. 206, conformément aux anciens Réglemens, confirmez par celui du 28 Février
1723. A Paris le 4 Décembre 1725. Signé, BRUNET Syndic.*

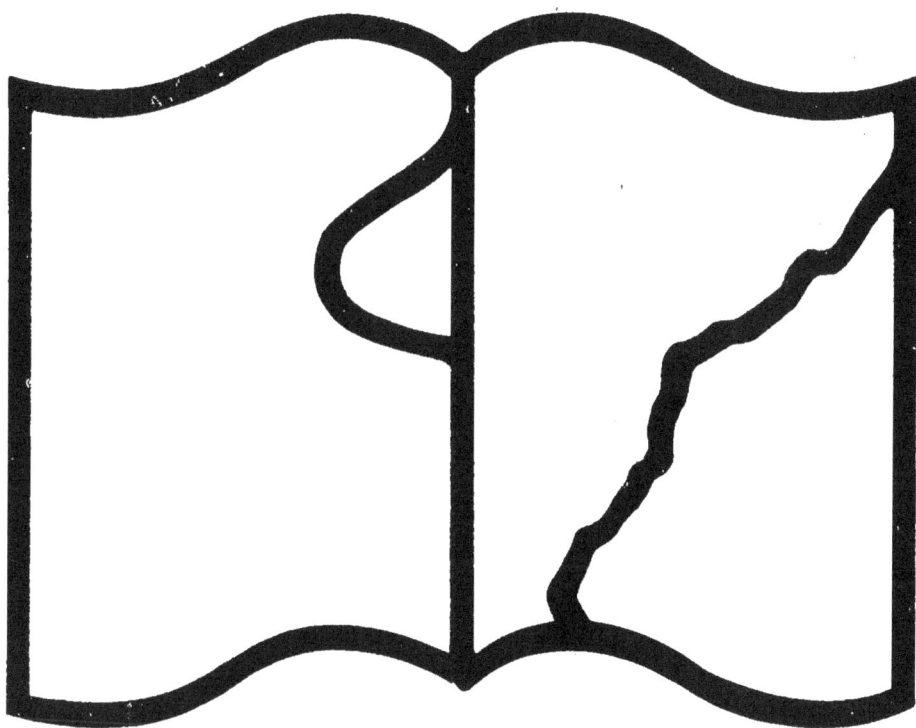

Texte détérioré — reliure défectueuse

NF Z 43-120-11

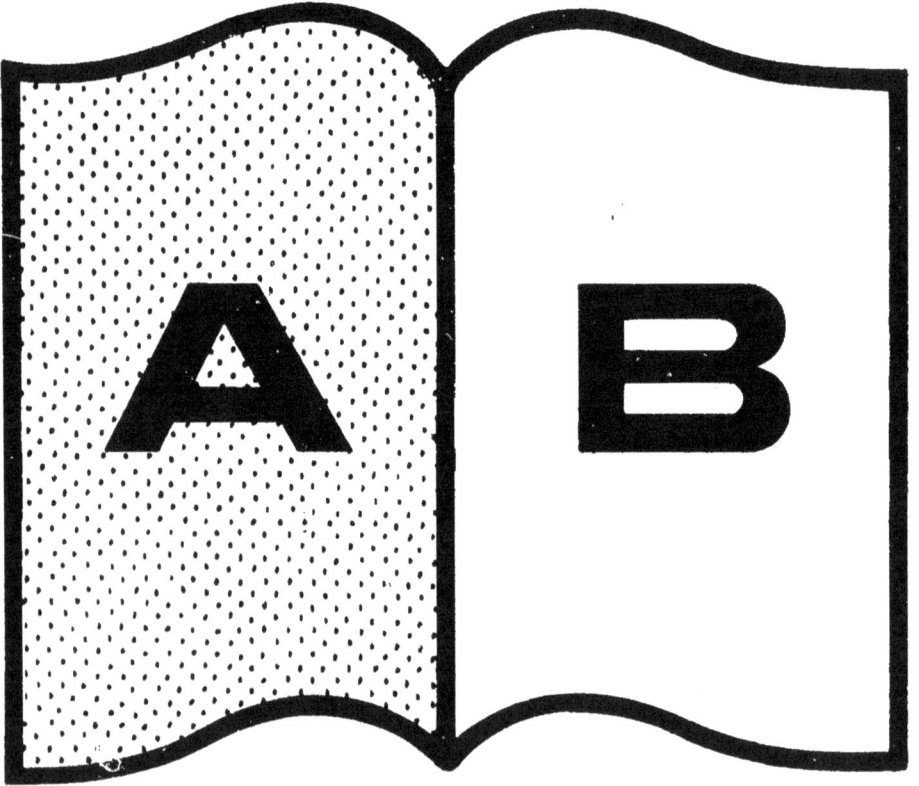

Contraste insuffisant

NF Z 43-120-14

www.ingramcontent.com/pod-product-compliance
Lightning Source LLC
Chambersburg PA
CBHW071647200326
41519CB00012BA/2425